内蒙古自治区纺织类经典非物质文化遗产

赵宏 马涛／主编

中国纺织出版社有限公司

内 容 提 要

　　纺织类非物质文化遗产作为中国传统文化的精髓，不仅是技艺的传承，更是其所承载文化内涵的延续。本书选取内蒙古自治区6个具有代表性的纺织类非遗项目，从起源与发展、风俗趣事、制作材料与工具、制作工艺与技法、工艺特征与纹样、作品赏析、传承人专访、传承现状与对策8个方面进行了介绍。

　　本书可供高等院校纺织服装专业学生以及纺织服装院校的经管类学生学习使用，也可供纺织非物质文化遗产保护领域的实践工作者、相关政府部门和理论研究人员阅读参考。

图书在版编目（CIP）数据

　　内蒙古自治区纺织类经典非物质文化遗产／赵宏，马涛主编 ． -- 北京：中国纺织出版社有限公司，2022.5
　　ISBN 978-7-5180-9426-4

　　Ⅰ．①内… Ⅱ．①赵… ②马… Ⅲ．①纺织工业—非物质文化遗产—介绍—内蒙古 Ⅳ．① F426.81

　　中国版本图书馆 CIP 数据核字（2022）第 055328 号

NEIMENGGU ZIZHIQU FANGZHI LEI JINGDIAN
FEIWUZHI WENHUA YICHAN

责任编辑：朱利锋　　责任校对：江思飞　　责任印制：何　建

中国纺织出版社有限公司出版发行
地址：北京市朝阳区百子湾东里A407号楼　邮政编码：100124
销售电话：010 — 67004422　传真：010 — 87155801
http://www.c-textilep.com
中国纺织出版社天猫旗舰店
官方微博http://weibo.com/2119887771
北京华联印刷有限公司印刷　各地新华书店经销
2022年5月第1版第1次印刷
开本：787×1092　1/16　印张：9.5
字数：154千字　定价：128.00元

凡购本书，如有缺页、倒页、脱页，由本社图书营销中心调换

前 言

习近平总书记在党的十九大报告中指出，要深入挖掘中华优秀传统文化蕴含的思想观念、人文精神、道德规范，结合时代要求继承创新。

纺织非物质文化遗产（简称"纺织非遗"）作为中国传统文化的精髓，不仅是技艺的传承，更是其所承载文化内涵的延续，其传承发展对于深入挖掘中华优秀传统文化，培养民族自信，提升纺织产业历史、文化、社会、经济等方面的价值，建设纺织强国具有重要意义。

本书编写团队以纺织非遗的研究以及知识普及为使命，承担了相关的研究课题，举办了以纺织非遗保护为主题的全国学术研讨会，发表了系列研究论文，积累了大量的文字、图片、视频等资料，先后推出了京津冀、河南省、山东省、东北三省等区域纺织服饰类非遗系列书籍。

本书选取内蒙古自治区具有代表性的 6 个纺织非遗项目，通过与传承人面对面的请教、交流、谈心，获得第一手原始资料，通过对每一个代表性项目的起源与发展、风俗趣事、制作材料与工具、制作工艺与技法、工艺特征与纹样、作品赏析、传承人专访、传承现状与对策 8 个方面的介绍，为读者系统、全面地了解内蒙古的纺织服饰类非遗概况提供了资料。

本书在编写过程中，阅读、参考了国内外学者、传承人等撰写的有关资料，文中多数图片、资料来自编写团队的实地调研，图片拍摄于传承人家中或由传承人提供，也有部分资料来自非物质文化遗产网、百度百科、互动百科等网络资源。在此，对所采访的传承人以及相关参考资料的作者表示诚挚的感谢。

本书由天津财经大学赵宏教授、天津工业大学马涛副教授统筹并定稿，天津工业大学刘宇、李笑言、曹效喜、佘照亭、王琪等同志也承担了本书的编写工作。

由于纺织服饰类非物质文化遗产的保护正在不断深入，加上编者水平所限，书中难免存在不尽完善之处，恳请广大读者批评指正。

编者

2022 年 3 月

内蒙古自治区纺织类经典非物质文化遗产

目 录

第一章

蒙古族服饰

蒙古族服饰又称蒙古袍，主要包括长袍、腰带、靴子、首饰等。蒙古族人长期居住于塞北草原，逐水草而居的游牧生活使得蒙古族人民爱穿长袍，以便于鞍马骑乘。浓郁的草原风格特色也是蒙古民族传统文化不可分割的组成部分。随着历史的演进，历代蒙古族人民在长期的生活和生产实践中积极探索，发挥自己的聪明才智，同时在与兄弟民族的不断交流中汲取精华，逐步完善和形成具有本民族特色的传统服饰的种类、款式风格、面料色彩、缝制工艺，创造了许多精美绝伦的服饰，为中华民族的服饰文化增添了浓墨重彩的一笔。2008年，蒙古族服饰被认定为国家级非物质文化遗产项目，类别为民俗（表1-1）。2014年8月，巴拉嘎日玛被认定为内蒙古自治区非物质文化遗产项目"蒙古族服饰"代表性传承人；2018年5月，巴拉嘎日玛被中华人民共和国文化和旅游部认定为第五批国家级非物质文化遗产代表性项目代表性传承人（图1-1）。

表1-1　蒙古族服饰

名录名称	蒙古族服饰
名录类别	民俗
名录级别	国家级
申报单位或地区	赤峰市阿鲁科尔沁旗
传承代表人	巴拉嘎日玛

图1-1　蒙古族服饰代表性传承人证书

第一节　起源与发展

一、蒙古族服饰的起源

13世纪，中外文献就已经对蒙古族传统服饰的式样和制料有所记述。《黑鞑事略》载：其服右衽，道服领，少数为方领，以毡、皮、革、帛制作，衣肥大，长拖地，冬服二裘，一裘毛向内，一裘毛向外，男女样式相似。这种服饰分夹、棉、皮3种，现在的牧区人民均穿用这种款式，只是形式稍加改进。冬天主要以羊裘作里子，多用绸、缎、布作面，到夏天则穿布、绸、缎、绢等料，颜色多以红、黄、紫、深蓝色为主，样式上袖子既长且窄，下摆不开叉，衣襟及下摆多用绒布镶边，边宽 6 ~ 9 厘米。穿着时稍向上提，同时以红色或紫色绸带紧束腰部，两端则飘挂于腰间。这种穿着能够在骑马放牧时护膝防寒，夜宿时也可当被盖，既长又窄的袖子能够防止蚊虫叮咬，束上宽大腰带，还能保持腰肋骨稳定垂直。长期的游牧迁徙，使蒙古族很早就与北方各民族以及汉族建立了广泛而深入的联系，其他民族的各类纺织品很早就传入蒙古族，蒙古族人一年四季都喜欢穿袍子，春秋穿夹袍，夏季穿单袍，冬季穿皮袍、棉袍。

二、蒙古族服饰的发展

　　蒙古族服饰国家级代表性传承人巴拉嘎日玛的外祖母和母亲都是当地有名的民间缝纫艺人，其传承谱系如表 1–2 所示。幼年时巴拉嘎日玛经常看见她们穿针引线，将一块块不起眼的布料精心制作成一件件华美的蒙古族服饰，备受当地人称赞。她对长辈们的妙手生花羡慕不已。心灵手巧的巴拉嘎日玛深受长辈们的影响，她耳渲目染，暗下功夫偷偷学艺，一件衣服常常做了拆、拆了又做，反复琢磨，终成大器。年仅 12 岁的她就掌握了制作服饰的基本缝纫技巧，18 岁时，已经能完整地缝制蒙古族传统服饰，成为一名众人信任的"裁缝小将"了。1998 年，在巴拉奇如德苏木召开那达慕大会，巴拉嘎日玛亲手缝制了 15 套蒙古长袍，在那达慕会场惊艳亮相。1999 年和 2000 年，在坤都镇召开那达慕大会，巴拉嘎日玛日夜赶工制作了多件蒙古袍，获得了一致好评。

表 1-2　蒙古族服饰传承谱系

代别	姓名	性别	出生年月	传承方式
第一代	西呼日玛	女	生卒年不详	祖传
第二代	白西拉玛	女	1934—1999	祖传
第三代	巴拉嘎日玛	女	1959 至今	祖传

　　2010 年 8 月，巴拉嘎日玛注册成立了以自己名字命名的阿鲁科尔沁旗巴拉嘎日玛蒙古服饰有限公司，现已正式更名为阿鲁科尔沁旗巴拉嘎日玛民族用品有限公司。为了扩大经营，2018 年她还在呼和浩特市开办了两家分店，总公司在商业旺区占地 200 平方米，现有固定资产 100 万元，年产值 70 万元。公司现有职工 51 人，其中女职工 50 人。主要产品有蒙古族传统手工刺绣服装、舞台服装、婚庆礼仪服装、影视盔甲服装、学校民族服装、儿童服装、蒙古族手工刺绣靴子、蒙古族帽子、蒙古族头饰、蒙古袍皮腰带、荷包、手工刺绣烟袋等多个款式的蒙古族服装和配件。巴拉嘎日玛制作的蒙古族服饰设计合理、做工精细，富有鲜明的地方特色。巴拉嘎日玛对新式蒙古族服饰不断推陈出新，每年都推出新的设计款式，在市场竞争中始终处于主动地

位。多年来，巴拉嘎日玛和她的公司共制作了 3 万多件蒙古族服饰。她制作的服饰，除了在自治区各城市和旗县畅销，还远销到了美国、澳大利亚、日本等地。产品销售渠道除个人定制外，主要供给内蒙古自治区各城市的博物馆、歌舞剧院、电影厂、民族学校、旅游区、蒙餐厅等单位，用于从事演艺、婚庆活动和蒙古族群众的日常穿着等。通辽博物馆和内蒙古博物馆的蒙古族诸部落传统服饰就出自巴拉嘎日玛的公司。

随着经济发展，人民生活水平、消费结构和服装品位也在逐渐发生着变化，民族服饰市场需求也随之迅速增长，巴拉嘎日玛的公司名气打响了以后，四面八方喜欢民族服饰的人慕名而来，向巴拉嘎日玛学习蒙古族服饰制作技艺。她的徒弟不但遍布本旗、众多邻近旗县和其他省市缝纫爱好者，也前来拜师学艺。对这些喜爱民族服饰的慕名者，她始终热情礼貌相待，毫无保留地将传统技艺倾囊相授，表 1-3 引出 13 位学有所成的徒弟的情况。巴拉嘎日玛表示：民族文化的传承和发展，是靠一代又一代人口传心授才得以保留下来的，不管是手工制作技术还是机器制作，会制作缝纫的人已经寥寥无几了，如何让这些传统的民间文化传承发扬下去，是我们这代人刻不容缓的责任。蒙古族文化博大精深，巴拉嘎日玛的民族服饰制作技艺是从上一代人口传心授得来的，并且经过她半生的研究和摸索，如今已经形成了自己独特的艺术风格。这些东西，如果不及时收集和整理，将很快失传。

表 1-3　授徒传艺情况

序号	徒弟姓名	性别	出生时间	传承方式
1	松树	女	1970	师传
2	额尔和木	女	1971	师传
3	哈斯图雅	女	1970	师传
4	斯琴	女	1966	师传
5	乌日吉木斯	女	1973	师传
6	乌仁呼	女	1968	师传
7	巴彦宝力格	女	1963	师传
8	色布勒玛	女	1978	师传
9	高娃	女	1978	师传
10	娜仁其木格	女	1960	师传
11	哈斯其木格	女	1970	师传
12	冬梅	女	1975	师传
13	乌云	女	1973	师传

近年来，巴拉嘎日玛不断将蒙古族服饰技艺在国内外进行展示和宣传。2009 年 8 月，她参加了"内蒙古首届草原文化节"民族服装展示活动，内蒙古自治区文化

厅（现内蒙古自治区文化和旅游厅）将其制作的 10 套手工刺绣蒙古袍收藏于呼和浩特博物馆。2010 年，经内蒙古草原文化保护基金会邀请，她参加了上海世博会（图 1-2），在宝钢大舞台中国元素习俗区进行了蒙古民族服装文化展示，把蒙古族服饰刺绣文化和草原文化介绍给世界。中央电视台《对话活动》栏目对其进行了采访报道。2011 年 4 月，她参加了在陕西省西安市举办的第二届西部非物质文化遗产展演。2012 年 2 月，代表内蒙古自治区参加了由中国非物质文化遗产保护中心举办的"中国非物质文化遗产生产性保护成果大展"。同年 4 月，参加了澳门非物质文化遗产博览会。2013 年 8 月，去非洲毛里求斯参加了中非文化交流活动（图 1-3）。2015 年 8 月，在呼和浩特参加了"草原文化遗产日"和全区非物质文化遗产展。2015 年 9 月，在沈阳参加了非物质文化遗产传统技艺大展。2017 年 9 月，巴拉嘎日玛被赤峰学院聘为西拉沐沦蒙古族手工艺实践与培训基地特聘教授。2017 年 11 月，其作品参加第十四届蒙古族服装服饰大赛，获得银奖。巴拉嘎日玛所获部分荣誉见表 1-4。

图 1-2　巴拉嘎日玛参加上海世博会　　　图 1-3　巴拉嘎日玛参加毛里求斯内蒙古文化周活动

表 1-4　巴拉嘎日玛所获部分荣誉一览表

时间	奖项说明	颁奖单位	证书展示
2015 年 8 月	赤峰市首届民族传统手工艺技能竞赛优秀奖	赤峰市总工会	
2017 年 3 月	赤峰市三八红旗手	赤峰市妇女联合会	

时间	奖项说明	颁奖单位	证书展示
2017 年 11 月	在第十四届蒙古族服装服饰大赛中荣获蒙古族服装服饰团体表演奖银奖	内蒙古自治区旅游发展委员会	
2021 年 4 月	蒙古族服饰制作技艺传承基地	阿鲁科尔沁旗文化旅游体育局	
2021 年 4 月	蒙古服饰制作技艺优秀传承人	阿鲁科尔沁旗文化旅游体育局	

内蒙古自治区纺织类经典非物质文化遗产

第二节　风俗趣事

一、与众不同的穿戴和存放

蒙古袍的穿着是一件庄重而严肃的事情，整洁端正的穿戴无论对自己还是对别人都是一种尊重。穿袍子时，一定要穿靴子，戴帽子。尤其是祭祀的时候，必须同时穿戴整齐袍子、靴子和帽子才显得整体协调，严肃庄重。在端茶敬酒的时候，不能捋袖，不能袒胸露颈，袍子的下摆不能从锅碗瓢盆上扫过。在存放袍子时，前襟必须要朝上，领子要向西北，不能向门，在缝制袍子时，忌讳留下线头。

二、最长的蒙古族刺绣长卷

2019 年 1 月，为中华人民共和国成立 70 周年献礼，兴安盟文化旅游体育局牵头，兴安盟博物馆组织实施了蒙古族刺绣长卷工程。该长卷长 70 米，象征中华人民共和国成立 70 周年；高 1.949 米，寓意中华人民共和国成立之年；由 56 名绣娘历时半年绣制完成。刺绣长卷以"民族大团结"为主题，以 56 个民族围绕天安门载歌载舞的热烈场面为主要内容，集中展现了全国各族人民在党中央的正确领导下，团结一致，锐意进取，为实现中华民族伟大复兴而不懈奋斗的精神风貌。巴拉嘎日玛被聘请为该工程首席专家，参与了长卷作品的策划工作，并进行了技术指导。2019 年 6 月 15 日，该作品展示于第五届"内蒙古美食文化节暨首届兴安盟大米美食文化节"活动现场；并以"最长的蒙古族刺绣长卷"获得上海大世界吉尼斯总部颁发的"大世界吉尼斯之最"证书。

第三节　制作材料与工具

蒙古族服饰所需要的面料和工具都较为常见。蒙古族服饰的面料（图 1-4）多选用纯色，其中蓝色和红色最为常见。通常会根据客户的需要和用途的差异选择合适的纹样和材质。

蒙古族服饰的制作工具主要包括量尺（图 1-5）、剪刀（图 1-6）、锥子（图 1-7）、缝纫机（图 1-8）、熨斗（图 1-9）、烫凳。其中，量尺主要在量体时使用，根据客户的身形和要求选择合适的测量方法，并记

图 1-4　面料

录好测量结果，以便后续进行随时调整。剪刀主要是在裁剪时使用，锥子和缝纫机主要是在缝制时使用。对于一些手工缝制的较厚的面料，普通针线难以穿透，因此需用锥子先扎出洞，再进行缝制，除此之外则多使用缝纫机。熨斗和烫凳主要在整熨时使用，要求按照客户的体型要求，结合双手的不断调整，烫出立体形状，从而使服饰整体更加美观。

图 1-5　量尺

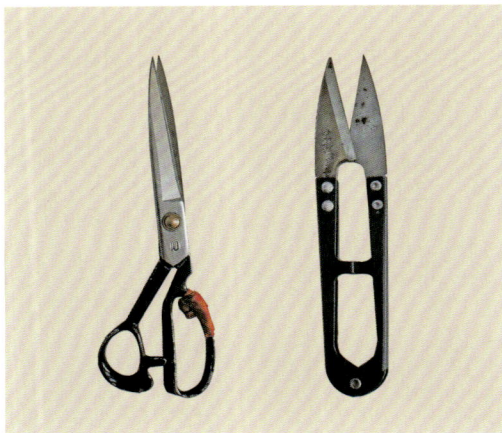

图 1-6 剪刀

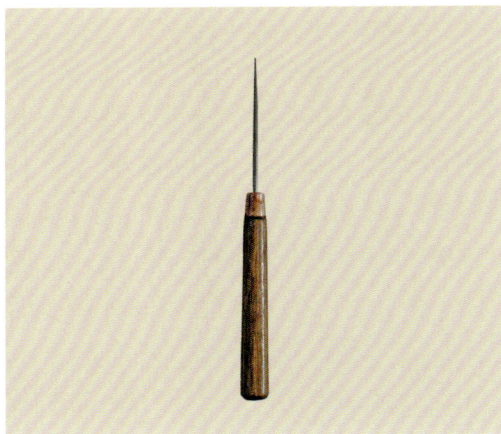

图 1-7 锥子

图 1-8 缝纫机

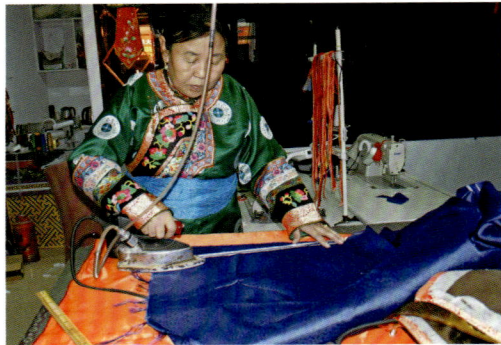

图 1-9 熨斗

第四节 制作工艺与技法

蒙古族服饰的技艺流程主要包括设计、选料、量尺、裁剪、刺绣、缝边和整烫 7 道工序。

一、设计

设计图案纹样是制作蒙古族服饰的第一步，一件蒙古族服饰作品的图案样式是决定作品好坏的重要标准。以往蒙古族服饰的图案多以传承人自己画样为准，需要将寓意、形态和民俗与想要表达的内容相结合，对于设计者的刺绣经验有很高要求。但随着时代的发展，为了适应现代人的需求，传承人也会在传统纹样中加入现代流行元素。

二、选料

设计图案纹样以后，需要进行布料的选取。历史上，蒙古族人以狩猎为生，因此，蒙古族服饰面料的主要来源是野兽皮。随着种植业的发展，布、绸、锦、缎、纱、彩色丝线等原料越来越受到人们的青睐。用这种面料做出来的服装不但轻巧保暖而且美观大方。随着技术的进步，色彩淡雅、质地优良、有各种花纹的化纤面料也逐渐成为蒙古族服饰的重要选择。这些面料制作的蒙古族服饰不但美观舒适而且现代时尚感十足。

三、量尺

选择好面料之后，首先对顾客的身材进行量尺，再对面料进行裁剪。量尺主要有以下 8 个指标：身长、胸围、腰围、臀围、袖筒、肩宽、袖长和头围。

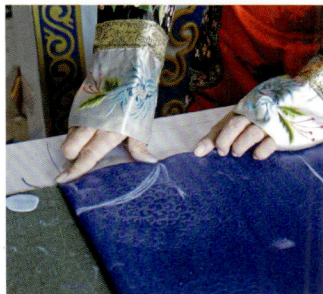

四、裁剪

量尺之后需要根据尺寸对面料进行裁剪，裁剪是非常重要的一部分，可以分为衣身、帽饰、靴子和配饰等类别。当今蒙古族服饰的裁剪工艺是在改良创造传统裁剪技术的基础上逐渐演变而来。在不断发展中吸收了现代裁剪中的量体、制图等技术，如图 1-10 所示。

图 1-10　裁剪面料

五、刺绣

裁剪完成后就需要在面料上刺绣出想要的图案（图 1-11）。在长期生产生活中，工艺匠人们发明并传承了许多不同的刺绣技法，主要有绣花技法、贴花技法、盘花技法和抠花技法。

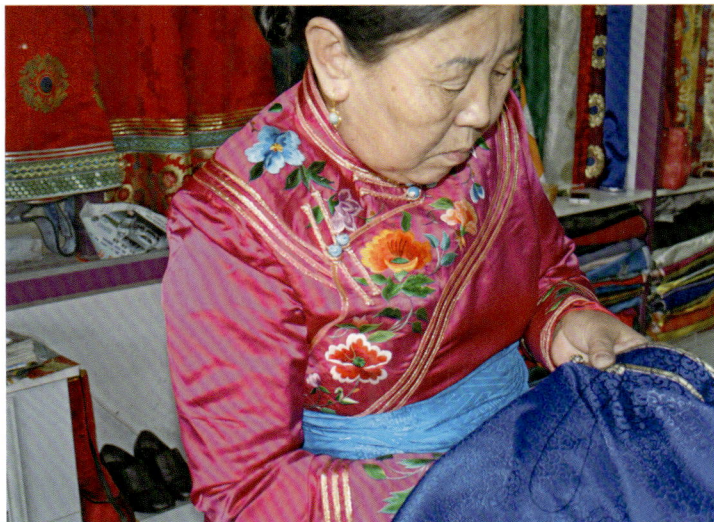

图 1-11　刺绣图案

六、缝边

刺绣结束后需要对面料进行缝边（图 1-12），常在领边、袖口、门襟等处进行，目的是在衣边与袍服整体之间形成肌理与装饰上的对比，从而为蒙古族服饰增添更丰富的色彩与图案。缝边的针法很丰富，主要包括平针、分针、反针、滚针、塞针、操针、辑针、驱针、盘针、圆包针、锁边针、麻花针等，独具风格，充分体现了蒙古族游牧文化的价值属性。虽然当今机械缝纫机技术已经十分成熟，但传统的缝纫技法依然有不可替代性。

图 1-12　缝边

七、整烫

蒙古族服饰制作技艺的最后一步是整烫（图 1-13），即将缝制好的衣服进行整理和熨烫，使袍服样式更加美观、挺括。

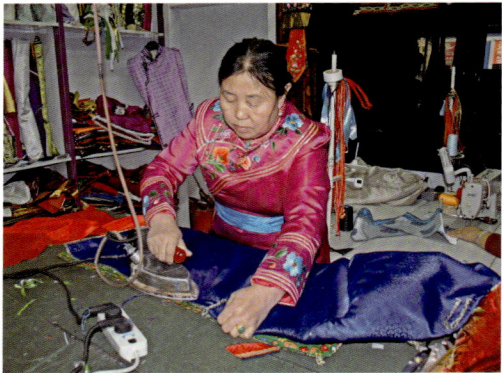

图 1-13　熨烫服装

第五节　工艺特征与纹样

一、工艺特征

帽子、长袍、腰带、配饰和靴子是蒙古族服饰的基本组成要素。帽子是由布料、棉花和各种皮毛制作，品种花样很多。女性一般戴护耳帽，寒冷天气则戴在头饰上，用到的材料一般是珍贵皮毛吊面，外面绣着花纹图案。长袍有单袍、夹袍、棉袍和皮袍等种类。单袍一般用白色或浅蓝色的单布做成，在夏天最炎热的时候穿，并当作其他袍子的衬衣。夹袍是春夏和夏秋季节交接时穿的衣裳。棉袍在夹袍里絮棉，是冬春和秋冬交接时穿的衣裳。皮袍是冬天的服装，用绵羊和山羊皮制作。长袍的领子、斜襟、大襟、下摆和袖口都要镶边，这样既增加其耐磨性，又起到了装饰作用。盛装要选用高档布料，配上各种花纹图案。长袍的腰带多为整块的彩色绸子，有的也用布料或皮毛进行制作。腰带是蒙古族服饰不可缺少的部分，多用棉布、绸缎制成，长3～4米，腰带的颜色也要和袍子相协调。腰带不仅能够防风抗寒，还能在骑马持僵时保持肋骨的稳定、垂直。腰带还是一种漂亮的装束，男子用腰带将袍子向上提，束得很短不仅有利于骑乘方便，也显得精悍潇洒。女子则相反，扎腰带时要将袍子向下拉展，以凸显出娇美的身段。长袍的配饰有烟荷包、褡裢和女性针线包等。靴子用布料或皮毛制作，里边衬上毡袜子。布靴的靴筒和靴帮上也缝制各种花纹图案。

青年男子穿着的盛装，由帽子、长袍、坎肩和靴子组成。帽子圆顶立檐，用蓝缎作面，羔羊皮镶帽檐，顶端有红色帽顶结，周围有云纹图案。青年男子长袍立领、右衽、开衩，袍身宽大，长及靴面，袖子肥长。用蓝色丝绸作面，蓝布衬里。领口、大襟、袖口和下摆用青缎和库锦镶边。腰带为 3 ~ 4 米长的红色或黄色丝绸或布料，附带烟荷包、褡裢、火镰和蒙古刀等配饰。男子坎肩也立领、右衽，下摆左右开短衩并用浅蓝色丝绸作面，蓝布衬里，领口、大襟、肩周和下摆也用青缎和库锦镶边。男靴通常是直底，以黑色平绒作面，靴帮和靴筒上用绿色丝线盘缝各种花纹图案，里边衬毡袜子。

已婚女子穿着的盛装，包括头饰、护耳、长袍、长马甲和靴子等。头饰包括额带、簪、钗、步摇、辫筒和耳坠等。护耳是戴在头饰上的防寒用品，起到护住双耳和后颈的作用。女子长袍也是立领、右衽、开衩，袍身和袖子的肥瘦和长短适中，用绿色丝绸作面，蓝布衬里。领口、大襟、袖口和下摆用青缎和库锦镶边，袖口装饰花纹图案。长马甲也是立领、右衽，下摆左右开衩，用黑色丝绸作面，蓝布衬里。领口、大襟、肩周和下摆用青缎和库锦镶边。颈周、肩周、斜大襟和前后身上绣满花草图案。男女盛装，里面都要衬上白色单布长袍。

一般蒙古袍的特点是宽大、袖长、高领、右衽，多数地区的长袍下端不开衩。袍子的边沿、袖口、领口多以绸缎做花边、"盘肠""云卷"等图案或虎、豹、水獭、貂鼠等的皮毛做装饰，既美观大方，又非常实用。冬天防寒护膝，夏天防蚊虫叮咬、遮暴晒，行可当衣，卧可作被。袍身宽大，并且束有腰带。蒙古袍的样式和颜色也会因性别不同而呈现差异。具体来说，女子所穿的蒙古袍比男子的窄些，逢节庆之时，还要佩戴用玛瑙、珍珠、珊瑚、宝石、金银玉器等编织的头饰。

二、颜色与纹样

（一）颜色

蒙古族男子多喜欢蓝色、棕色，女子则喜欢红色、粉色、绿色、天蓝色，夏天则颜色更淡一些，有浅蓝色、乳白色、粉红色、淡绿色等。

白色在蒙古族人民心中象征着真实、纯洁、正直和美好，他们认为白色是一切事物的源头，是美好的愿望，是最为圣洁的，因此多在盛典、年节吉日时穿用，以表达对美好生活的向往。

蒙古族人民还喜欢蓝色，他们认为蓝色代表着大自然的永恒和美好，蓝色也寄托着蒙古族人民希望自己的民族像蓝天一样永存和繁荣兴旺的美好愿望。蒙古族青年爱穿象征着坚贞与永恒的深蓝、湖蓝、品蓝，也有的喜欢穿略显粗犷的藏青、果绿、深绿，这些不仅体现了对蓝色的延续与敬意，也彰显了年轻男子热爱生活、享受生命、追逐草原的勇敢与刚毅。

蒙古族人特别喜爱红色，他们认为红色象征着东方升起的太阳、熊熊燃烧的火，明媚热烈，能给人带来温暖和光明。红色在蒙古族中也是极为尊贵的颜色，在蓝天白云之下，唯有如同太阳一般的红色才能代表蒙古族人民的希望，表现出了人们对美好未来的向往，对积极奋斗、敢于拼搏的勇士的敬仰。

蒙古族服饰中不同色彩的搭配会带来不同的审美体验，通过服饰色彩的明暗和深浅，能够判断穿着不同颜色衣服的女子是否婚配。因此，蒙古族服饰对于色彩的搭配要求极为复杂，衣物服饰极具民族色彩与思想情感，在体现服饰的典雅华丽美的同时，又表现出其庄重与和谐美。

（二）纹样

由于蒙古民族世代过着逐水草而居的游牧生活，经常与自然界中的动植物接触，所以蒙古民族很早就根据动植物的形状进行一些简单的模仿，所形成的图案正是动植物纹样的最初起源。后来经过不断的发展，动植物纹样的范围也从牛、羊、马、草等，逐渐扩展到龙、凤、孔雀、鹿、花、叶子等（图1-14）。不同的纹样都有着不同的寓意，都寄托了蒙古族人民对幸福、吉祥的追求，比如盘长纹就是相互缠绕的线条加以组合，具有延绵不断、长久永恒的寓意。至今在很多的服饰设计中，依然可以见到盘长纹的应用，这也是蒙古族情感与文化的一种流传。

图1-14 纹样一

蒙古族人民热爱大自然，热爱河流，他们认为是河流给大草原带来了生机，才使得牛羊成群。蒙古民族早期信仰萨满教，认为火带给他们温暖和食物，这些文化在长时间的发展中都被保留了下来，并逐渐形成了具有代表意义的水纹、火纹等纹样，直至今天也被认为是吉祥的象征。因此，蒙古族人民常常把云纹、水纹、火纹、山纹以及牛、羊、马等与他们生活息息相关的内容作为服饰、装饰图案运用其中。而花卉如梅花、迎春花、兰花、牡丹等上百种纹样更是被蒙古族人民广泛用于服装的袖口、前襟、后背、下摆等处（图 1-15）。

图 1-15　纹样二

　　蒙古族文化在漫长的历史发展中与中原文化不断地碰撞与交流，不同文化的图案艺术元素也随之相互影响渗透。具有典型汉族风格的纹样如龙凤纹、缠枝牡丹、寿字纹等，也逐渐被蒙古民族吸纳、运用。例如在服饰、荷包等饰品上面绘制这类纹样，可以表达制作者对穿衣者的情感，富有寓意。

　　在蒙古族服饰众多的传统纹样中，每一种纹样都有着特殊的意义。蒙古族服饰纹样丰富多彩，种类繁多，寓意丰富，始终保留着古老传统的特点，体现出蒙古族的审美特征。蒙古族服饰形式美的特点之一是追求对称与均衡之美、对比与统一之美（图1-16）。而装饰服装的纹样也会依据服饰的整体造型而设计，达到和谐、统一，增加了艺术的感染力。蒙古族服饰纹样有着传统而神圣的意义，是实用与装饰相结合的艺术表现形式。民间装饰纹样也种类众多、形态各异，有的稚气纯真，有的朴实动人，有的含情脉脉，也有的豪迈洒脱。在用色上面大胆明确，奔放鲜艳的红色，炽烈温暖的黄色，清新通透的蓝色以及纯洁浓郁的奶白色，还有那无边无际充满春意和希望的绿色，这些色彩结合风格各异的纹饰是人们寄托理想、表情达意的主要方式。

图1-16　纹样三

第六节　作品赏析

一、蒙古族服饰

蒙古族服饰作为内蒙古自治区重要的非物质文化遗产项目，也是蒙古族传统文化的精髓之一。但随着社会的发展，蒙古族服饰文化的部落性特征逐渐模糊，多样性逐渐消失。2009年4月，由内蒙古自治区政府牵头，开展为期4年的蒙古族服饰抢救保护工程，最终确定了蒙古族28个部落传统服饰的基本样式（图1-17），巴拉嘎日玛负责制作这28个蒙古族部落的108套服饰和34组头饰。这28个蒙古族部落为：巴尔虎、布里亚特、厄鲁特、扎赉特、科尔沁、扎鲁特、奈曼、阿鲁科尔沁、敖汉、巴林、翁牛特、喀喇沁、克什克腾、乌珠穆沁、浩齐特、阿巴嘎、察哈尔、苏尼特、四子部、土默特、达尔罕、茂明安、鄂尔多斯、乌拉特、和硕特、阿拉善伊斯兰蒙古族、喀尔喀、土尔扈特。

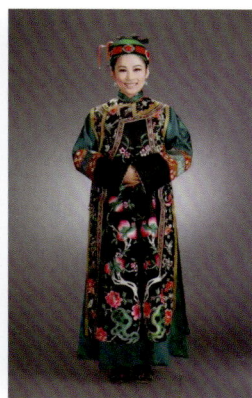

巴尔虎　　　　　　布里亚特　　　　　　厄鲁特　　　　　　扎贲特

科尔沁　　　　　　　扎鲁特　　　　　　　奈曼

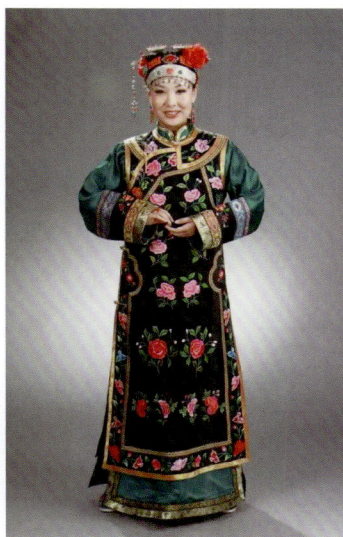

阿鲁科尔沁　　　　　　敖汉　　　　　　　巴林

图 1-17

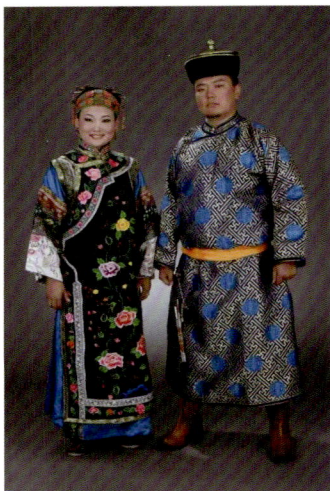

翁牛特

喀喇沁

克什克腾

乌珠穆沁

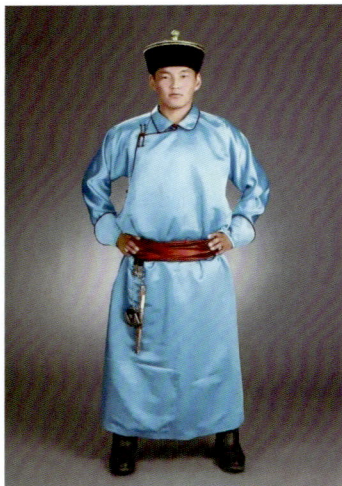

浩齐特

阿巴嘎

察哈尔

苏尼特

四子部

内蒙古自治区纺织类经典非物质文化遗产

土默特

达尔罕

茂明安

鄂尔多斯

乌拉特

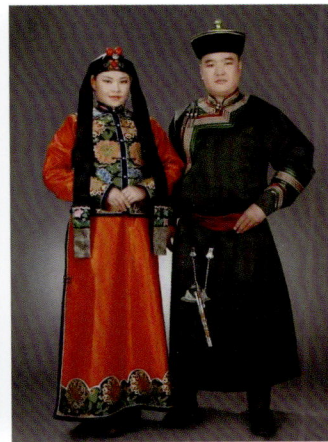

和硕特

阿拉善伊斯兰蒙古族

喀尔喀

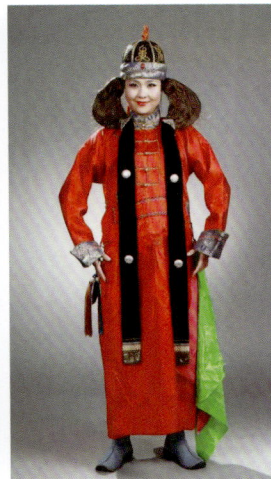

土尔扈特

图 1-17　蒙古族 28 个部落传统服饰的基本样式

二、蒙古靴

蒙古族女式鞋靴按面料可分为布靴、绣花鞋。布靴以灯芯绒、平绒、厚棉布作靴面，也有靴靿和靴帮两色相拼的，用贴绣、盘绣、抠绣三种工艺制作。靴靿和靴帮用丝线绣花，图案有菊花、梅花、缠枝、钱纹等。穿帮底相齐尖头靴的比较多，冬季内套棉布袜、毛袜或毡袜子。绣花鞋，有单鼻梁和双鼻梁之分，用厚棉布和粉色、红色、绿色软缎作鞋面，鞋前后帮绣花。

蒙古族男式鞋靴有布靴、皮靴和布鞋三种。蒙古族男靴做工精美细致，靴帮等处都刺绣着精美的图案。布靴主要用大绒等高级布料制作，靴头和靴筒以金丝线绣花，图案新颖艳丽。布靴以灯芯绒、平绒、厚棉布作靴面，大多刺绣云纹、万字纹、回纹、盘肠或几种图案搭配组合。有的靴后靿上开小衩，柔软轻便，四季均可穿。皮靴以牛皮、马皮制作，结实防寒，冬天靴内套毡袜，靴帮装饰有精美的图案。布鞋，也叫片儿鞋，有方口和圆口之分，圆头鞋用布沿鞋口，有布面和毛呢面，手工纳制布底，中老年人喜爱穿着。蒙古靴式样如图 1-18 所示。

图 1-18　蒙古靴

三、蒙古帽

冬季蒙古族已婚妇女戴护耳，护耳有棉护耳和皮护耳两种。棉絮的护耳，面儿上刺绣花鸟纹样，皮护耳内镶貂皮或狐狸皮、羔羊皮，面上贴花或刺绣缠枝、绿叶、凤等图案，下缀五彩飘带。男帽有礼帽、鸭舌帽、长耳皮帽、风雪帽、圆顶立檐帽。夏季喜欢戴蓝色或青色圆檐礼帽，年轻人多数戴鸭舌帽。冬季戴圆顶立檐帽，用蓝缎作帽面，羔羊皮镶帽檐，有红色帽顶结，顶结周围装饰云纹顶子。蒙古帽的布料主要为精致呢料，形状呈椭圆形，四周有一圈宽边檐，颜色主要有黑色、棕色和灰色。蒙古帽的帽筒前高后低，帽顶中央稍凹陷，帽筒与帽檐相接处缀以花纹镶边。蒙古帽式样如图 1-19 所示。

内蒙古自治区纺织类经典非物质文化遗产

图 1-19　蒙古帽

第七节　传承人专访

一、请问您印象深刻的徒弟有哪些？

　　巴拉嘎日玛：在我的徒弟中，有两个人值得一提。一个是额尔敦塔娜（女），出生于 1966 年，为旗土产公司下岗工人。她跟着我学习，在我的公司做了 17 年蒙古族服饰缝制工作。2019 年，额尔敦塔娜开办了自己的民族服饰缝制店。还有一个叫孟根那布其（女），1970 年出生，巴拉奇如德苏木准诺尔嘎查人。在我的公司当学徒并工作了十几年，2020 年 4 月，她被推荐为蒙古族服饰项目赤峰市级代表性传承人。

二、请问您被评为国家级代表性传承人后，参与过哪些"非遗"活动？

　　巴拉嘎日玛：被评为国家级代表性传承人后，为了蒙古族服饰的发展和推广，我参加了一些活动。例如，2019 年，受兴安盟科尔沁右翼前旗文化旅游体育局之邀，参加了科右前旗首届非物质文化遗产传承人培训班，对非物质文化遗产产品进行评估，并以蒙古族服饰非物质文化遗产为内容讲授了相关课程。2020 年 6 月 22 日，赤峰电台蒙古语部女记者采访我，了解了蒙古族服饰非物质文化遗产的特点、传承情况和存在问题等之后，在赤峰电台蒙语部周日专题栏目播出。

三、在蒙古族服饰技艺传承保护方面，地方政府做的工作中您印象最深的是什么？

巴拉嘎日玛：旗非物质文化遗产保护工作者宝力道在我传承"非遗"过程中发挥了重要作用。由于我文化水平有限，在国家级非遗申报和每一年的国家级传承人工作总结中，宝力道都会积极帮助我总结材料。他还多次来我公司了解相关情况，填写表格，并拍摄了五张实物照片。后来，这些内容收录到内蒙古自治区文化和旅游厅、内蒙古自治区展览馆联合编著的《内蒙古刺绣企业推介手册》里。

四、新冠肺炎疫情对您公司的生产经营有哪些影响？您采取了哪些新的销售渠道？

巴拉嘎日玛：在疫情最严重的阶段，店面都关停了，公司的生产经营都停下了，那个时候情况比较严重，但是随着疫情好转，公司又开始正常运转了，现在已经基本恢复到疫情前的水平。也曾考虑过一些新的销售渠道，想通过抖音、微信等推广蒙古族服饰。但实践下来却发现效果并不好，一方面由于价格太高，另一方面是在线上很难有真实的体验感，大小尺寸等都不好判断。

五、现在您制作的蒙古族服饰主要面向哪些受众？

巴拉嘎日玛：现在学生购买蒙古族服饰的比较多，学生考完大学后几乎每个人都会做一件蒙古袍备着。除了学生，还有就是新人结婚也会选择穿传统的蒙古族服饰，这些主要是定做，这种一般时间成本高，价格也比较高。除了这种纯手工制作的，还有一些是机器制作的，价格相对低一些，对一些游客更有吸引力。

六、对未来您有什么样的打算？

巴拉嘎日玛：我想接下来主要是有两方面的事要接着做：传承和创新。首先是想把现有的蒙古族服饰技艺继续传承下去，民族文化的传承和发展，是靠一代又一代人口传心授才得以保留下来的，如何让这些传统的民间文化传承发扬下去，是我们这代人刻不容缓的责任。其次是设计出更多更好的纹样，传统的纹样已经很难吸引到现在的年轻人，因此我想做的是将现代的元素与传统的蒙古族服饰的纹样相结合，能够更加符合当代年轻人的审美。

第八节　传承现状与对策

一、传承现状

在地方政府的大力扶持下，在巴拉嘎日玛几十年的辛勤探索下，蒙古族服饰技艺蓬勃发展。如今巴拉嘎日玛制作的蒙古族服饰设计合理、做工精细，富有鲜明的地方特色，并且对新式蒙古族服饰不断推陈出新，每年都推出新的设计款式，在市场竞争中始终处于主动地位。但蒙古族服饰的进一步传承和发展仍然面临以下制约：

1. 传承人培养老龄化严重，断层趋势明显

通过对巴拉嘎日玛现在收的徒弟的年龄结构的分析可知，蒙古族服饰传承人培养存在总体年龄偏大、中青年传承人培养后继乏力的现象。从年龄结构上看，代表性传承人的年龄老化比较严重，所有的徒弟年龄都在 40 岁以上，平均年龄 50.6 岁。13 个徒弟中"70 后"的有 9 人，"60 后"的有 4 人，可以看出掌握非遗核心技能的弟子大多为老年或者中老年一代，若干年后其所掌握的非遗技能随时都面临着消失的风险。

2. 销售渠道单一，新型营销模式使用有心无力

市场经济的发展促使市场销售日益专业化，巴拉嘎日玛在技艺上炉火纯青，但由于专业领域、知识背景、年龄因素等限制，在展销推广方面能力不足，尤其对于当下红火的网上平台销售、网络推广、直播带货等有心无力。由于新冠肺炎疫情影响，全国经济和文化活动受到限制。巴拉嘎日玛的公司店面也曾暂时关停，订单和原材料获取渠道也一度中断，面临困境。虽然巴拉嘎日玛尝试过抖音、微信等新媒体营销手段，但整体收效甚微。

3. 宣传力度不足，大众普及率欠佳

当前很多蒙古族人的生活方式已经发生巨大改变，传统的民族风俗观念日益淡薄，因此，对蒙古族服饰的了解也较为单一。另外，现代工业化成衣发展迅速，相对于蒙古族服饰，价格更加低廉，款式也更加新颖。这就导致现有的蒙古族服饰常常仅用于日常庆典，从而导致年轻人对蒙古族服饰的价值认知度低，缺乏认同感。巴拉嘎日玛经营的企业虽然年收入超过百万，但用于品牌宣传的费用却几乎为零。所以，虽然蒙古族服饰的质量好，在各大展览会上也大放异彩，且受到部分相关人士的关注，但并未大众化普及。

二、传承对策

1. 发展中年传承人，培养青少年传承人，优化传承结构

中年传承人的技艺往往是从老一辈手艺人手中传承下来的，能够最大限度地保留传统蒙古族服饰的特点。而培养青少年传承人则是不断储备人才，为未来传承源源不断地提供新鲜血液。发展中年传承人可以对当地会做蒙古族服饰的人进行普查，并建立人才档案，设立非遗研究基地，建立专家型研究团队，记录、整理非遗项目文字资料，开展非遗保护传承的研究工作，为非遗的保护、传承、开发、利用提供人才支持，为后续扶持企业做人才储备。培养青年传承人，则可以依托地方高校组织实施的非遗传承人群研修研习培训计划，加强学生对蒙古族服饰的了解程度和认可度，激发学生对蒙古族服饰文化的热爱，培养出一批又一批新鲜血液。

2. 加强现代展示展销技能培训和实践，实现由"输血"向"造血"转变

对于蒙古族服饰而言，其可以选择在淘宝、京东等电商平台开设店铺，提高销售额；也可以利用短视频平台的直播带货扩大销量。这一方面能够为代表性传承人带来经济收入，另一方面也能够促进蒙古族服饰的传播。相对于线下静态的销售模式，在线表演＋直播带货的模式能更好地展现蒙古族服饰的风采，观众能通过在线观看感受蒙古族服饰的魅力，提升蒙古族服饰的社会认可度，为吸引新鲜血液的加入开辟新的来源。针对传承人有专业技能却没有管理和经营能力的现状，地方政府应着力培养有管理经营能力的非遗经纪人或者搭建桥梁、平台引入商业资本，推动蒙古族服饰由"输血"向"造血"转变。但引入商业资本时要注意监管其对蒙古族服饰的过度开发问题，避免单纯追求经济效益最大化、忽视非遗的文化传承和社会效益的情况发生。

3. 加大宣传力度，强化社会认同

对于蒙古族服饰缺乏相应宣传的问题，首先，应当在展览馆、社区以及高校等地长期开展关于民族服饰的展览与知识讲座，并通过报纸、电视以及新媒体等方式进行宣传，同时发放关于蒙古族服饰基本概况的学习手册，提升当地群众对蒙古族服饰文化的认知，使其深入人心。其次，应当强化群众对民族服饰所蕴含价值的认知，开展民族服饰相关体验课堂，让群众学习传统技艺的同时，深刻理解蒙古族服饰的文化价值和审美价值。最后，有计划、有组织地去当地进行学习考察，对优秀可取的保护措施进行模仿借鉴，从根本上提升蒙古族民族服饰传承与保护的思维意识与素质能力。

第二章

蒙古族刺绣

蒙古族刺绣是指蒙古族先民根据本地民族特性和地域特征所创作出来的符合自身民族需要的刺绣艺术作品，最初可追溯至 13 世纪下半叶（元朝）之前。自古以来，蒙古族在生活中就重视刺绣艺术，使用范围也很广泛。通过悠久的历史发展，蒙古族逐渐产生了富有自己风格的刺绣艺术作品。2008 年，蒙古族刺绣被选为自治区级非物质文化遗产。2018 年，蒙古族刺绣入选中国非物质文化遗产第四批保护名录，名录类别为传统美术类（表 2-1）。2017 年 6 月 10 日，乌仁萨如拉被苏尼特左旗人民政府命名为苏尼特左旗第五批非物质文化遗产名录《蒙古族刺绣（粘绣技艺）》项目代表性旗县级传承人（图 2-1）。

表 2-1　蒙古族刺绣

名录名称	蒙古族刺绣
名录类别	传统美术
名录级别	国家级
申报单位或地区	内蒙古自治区苏尼特左旗
传承代表人	乌仁萨如拉

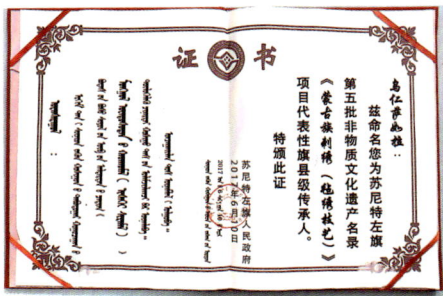

图 2-1　旗县级非遗项目代表性传承人证书

第一节　起源与发展

一、蒙古族刺绣的起源

早在公元前 475 年至公元前 221 年（战国时期），赵武灵王就倡导"胡服骑射"，并模仿北方游牧民族实行服饰革新。应劭曾经在《汉宫仪》中提到：汉朝时期貂蝉头上所戴的帽子就始于赵武灵王实行的服饰革新。赵武灵王效仿胡服，用黄金瑶装饰王冠，彰显地位尊贵，用皂色绫绢缝制耳帽，并将其称为爪牙帽子。后来赵武灵王将鞋改为皮靴，将黄皮短勒靴发展成为长勒靴，并规定从军官到士兵一律都穿靴子，穿长袍的文官也要穿黑勒靴。由此可知，早在公元前北方民族就已经存在美观舒适的服装鞋帽。

考古学家曾经在匈奴坟墓中发现具有当地艺术特色的毛毯，毛毯上有用各式贴花组成的图案，这说明公元前匈奴已经善于刺绣。王国维在《黑鞑事略笺证》中谈："服右衽而方领，旧以毡毳革新以拧丝金线，色以红紫绀绿，纹以日月龙凤，无贵贱。"后来许多学者推断此为元朝或元朝前服装刺绣所具备的材质及色彩特点。曾经在伊赫腾格里——阿母地方博格多乌拉山的岩画中发现姑姑冠帽，这种帽子是用桦树皮围合而成的长皮筒，筒壁上接连处用彩色丝缝合，外面包裹着色泽艳丽、花纹精美的各种花绸。这些出土文物真实地再现了古代蒙古族人的衣帽服饰，使用的图案纹样和色彩的运用以及当时刺绣的大体情况。

之后，元朝政府非常重视蒙古族刺绣的发展，设置绣局、纹锦局等专门组织机构。在当时，蒙古族刺绣不仅受到统治者的青睐，就连平民百姓也对其爱不释手，平时穿戴的服饰衣帽及生活用品会用绣花艺术来美化。明清时期云锦流行，蒙汉族间商贸交往迅速增加，并互相赠送礼品，蒙古族人不断地接触汉族的云锦织绣的高度艺术，使蒙古族刺绣得到进一步发展。这些云锦织绣不仅拓宽了蒙古族人自身的艺术眼界，同时也提供了向其他民族学习的绝佳机遇。

二、蒙古族刺绣的发展

蒙古族的姑娘从小就开始学习刺绣，外祖母、母亲会教授她们刺绣技艺，她们不需要到专门学校或者培训机构中进行学习。蒙古族刺绣旗县级传承人乌仁萨如拉从小跟随母亲和外祖母学习刺绣，十几岁的时候就可以独立完成荷包、袜底的制作。随着年龄的增长，刺绣技艺日渐成熟，也掌握了更多刺绣方法，可以独自绣各种鞋靴，裁剪各式各样的衣服，并且很好地将这项古老的民间艺术传承下来。

乌仁萨如拉在苏尼特左旗开办了一家小型蒙古服饰店，致力于蒙古族刺绣和服饰的传承与发展，该服饰店主要以经营蒙古族服饰、刺绣作品、民族手工艺品为主，图 2-2 所示为传承人在服饰店刺绣。传承人在苏尼特左旗非遗保护中心的大力支持下每年都会开办蒙古族刺绣短期培训班，到 2021 年已经第三次举办培训班，培训班学员大都是当地想要学习蒙古族刺绣的男女老少，经过培训的她们已经能够独自完成一幅刺绣作品。长期参加培训班的学员在学习蒙古族刺绣精巧制作技艺的同时，还能够将作品销售到各地，增加经济收入。图 2-3 所示为培训班学员刺绣作品，图 2-4 所示为学员在培训课上刺绣。

传承人还积极参加旗县级、自治区级展览十余次。她的作品充满了丰富的创造力，有着独特的风格，曾经多次获得奖励（表 2-2）。例如，2019 年 6 月，毡绣作品

图 2-2 传承人在服饰店刺绣

图 2-3　培训班学员刺绣作品

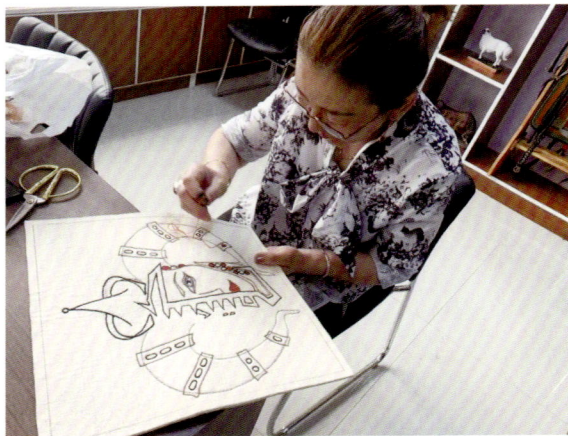

图 2-4　学员在培训现场刺绣

《八宝祥》经过大众评委票选，获得"大众最喜爱刺绣作品奖"；2019 年 7 月，刺绣作品《塔链》在全区蒙古族刺绣大赛中获得配色组三等奖，作品《八宝祥》在全区蒙古族刺绣大赛中获得优秀作品奖；2020 年 4 月，传承人刺绣作品在内蒙古自治区文化馆"群文战役情"系列原创文艺作品线上征稿活动中荣获优秀作品奖。

表 2-2　乌仁萨如拉所获部分荣誉一览表

获奖时间	奖项说明	颁奖单位	证书展示
2018 年 11 月	被聘请为职业培训学校蒙古服装制作指导专家	乌中旗创一职业培训服务有限公司	
2019 年 6 月	毡绣作品《八宝祥》在"绣美家乡时代风采——内蒙古最美绣娘评选大赛"中获得大众最喜爱刺绣作品奖	内蒙古自治区文化和旅游厅	

获奖时间	奖项说明	颁奖单位	证书展示
2019 年 7 月	作品《褡裢》在"全区蒙古族刺绣大赛"中获得配色组三等奖	内蒙古自治区文化和旅游厅	
2019 年 7 月	作品《八宝祥》在"全区蒙古族刺绣大赛"中获得优秀作品奖	内蒙古自治区文化和旅游厅	
2020 年 4 月	其作品在内蒙古自治区文化馆"群文战疫情"系列原创文艺作品线上征稿活动中荣获优秀作品奖	内蒙古自治区文化馆	
2020 年 6 月	其作品参加内蒙古特色刺绣艺术展	内蒙古自治区文化和旅游厅	
2021 年 6 月	捐赠的蒙古族刺绣作品被北京师范大学非遗传习坊收藏	北京师范大学人文和社会科学高等研究院	
2021 年 6 月	被聘请为非遗传习导师	北京师范大学人文和社会科学高等研究院	

第二节　风俗趣事

一、巧绣能手的养成

　　蒙古民族中，无论是贵族妇女，还是贫苦妇女，都要掌握刺绣，家里面各种针线活都是由她们承担。因此，很多少女从十来岁的时候就开始在家里跟着外祖母、母亲学习刺绣，绣各种荷包、袜底等小物件，基本到十五六岁便掌握各种花鞋、马海靴、衣服的刺绣。有很多聪明能干的姑娘很早就掌握了从母亲那边传承下来的刺绣技艺，这时候她们就会选择向村里其他刺绣专家请教，并称她们为"姐姐"，从"姐姐"那里耐心地学习高超的刺绣技巧。等到学成之后，她们便可以运用掌握的熟练刺绣方法及技巧并根据自己的喜好搭配底布和颜色，在底布上绣制花草树木、飞禽走兽以及自己心仪的图案，而刺绣出优秀作品的姑娘往往会得到周围人的称赞。

二、出嫁前的见面礼

　　一般蒙古族家中女儿到十七八岁或者二十岁左右时，刺绣技术达到成熟，家里就会聘请家教，在出嫁之前给婆家的每个人都制作一双"斯布登高吐拉"，这种靴子一般就是蒙古族女孩由娘家送往婆家的见面礼。对于普通的家庭来说，几十双鞋靴就可以满足需要，其中专门为新郎制作的靴子要求尤为严苛，形状和图案花样的选择非常讲究，需要投入更多心血，使用更精湛的刺绣技巧。部分的蒙古族旗县还要求在出嫁前为新郎准备八个飘带的烟荷包。当女孩做出来的靴子以及烟荷包刺绣受到赞扬时，一般都代表着女孩聪明能干，有着很强的刺绣技能。

三、衣食住行无处不在的刺绣艺术

　　蒙古族刺绣在蒙古族的衣食住行中使用非常普遍，可以说无处不在，如蒙古包、蒙古袍、长坎肩、鞍具、靴子等，在此主要以蒙古包和蒙古袍以及生活中常见的长坎肩为例。蒙古包是蒙古族长久以来居住的帐幕，蒙古包顶部、门帘及边缘的装饰都是用贴花刺绣方法缝制上去的，就连地下铺的密实的毯子也会绣制各种各样的图案，这些极具民族艺术性的装饰品使牧民的生活更加丰富多彩。蒙古袍及长坎肩的"前襟花""衣侧花"构图严谨，选题丰富多彩，图案中的花草树木、鸟兽虫鱼等动植物恰当点缀其中，再用浅色丝镶边，看起来赏心悦目。蒙古族的刺绣艺术朴实自然，刺绣品美观实用，歌颂了蒙古族劳动人民对美好生活的向往与追求。

第三节　制作材料与工具

一、制作材料

　　蒙古族刺绣是一种历史悠久的民间传统艺术，所需要的材料有底布、驼线、羊毛线、各色的棉线等。其中，所采用的丝线为骆驼及羊身上取下的毛经过加工制成的丝线。蒙古族选择这种驼线和羊毛线作为刺绣的制作材料主要有两点原因，一是驼线和羊毛线的物理特性，相比其他丝线更加坚固，不易折断；二是从审美角度来看，用驼线和羊毛线缝制成的贴花或刺绣更给人以自然粗犷的美感（图2-5）。

图2-5　各种驼线

　　蒙古族刺绣以朴素和鲜明的色彩为特色，除驼线和羊毛线的运用外，还会选择色彩鲜明协调的多色棉线（图2-6）作为搭配，使刺绣品产生较强的明暗衬托和对比。这些棉线大多是从外地批发过来的。

图2-6　各色棉线

　　底布的选择也有一定的讲究，蒙古族人民一般会选择绸、布、羊毛毡、布里阿耳皮作为刺绣底子。颜色搭配上，一般深蓝色的底布要搭配一些较为接近的青绿或者深绿色的丝线或图案，这样的配合会给人以浓重调和的感觉。此外，深蓝色与淡蓝色，深绿色与淡绿色的搭配也经常受蒙古族姑娘的喜欢（图2-7）。

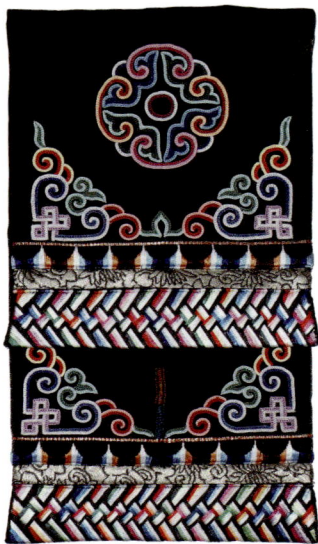

图 2-7　色彩搭配

二、制作工具

蒙古族刺绣在制作过程中主要使用的工具包括花棚子、绣花针和剪刀等。

1. 花棚子

花棚子从形状上来分，有方形绷（图 2-8）和圆形绷（图 2-9）两种，从材质上分有木制、竹制和塑料制三种，其作用是固定底布，保证绣出来的花样平整不走形。

2. 绣花针

绣花针在刺绣过程中经常使用。选择绣花针时要特别注意针的两头，即针鼻和针尖。针鼻主要以椭圆形为主，保证针鼻不把线割断，针尖则选择细长的（图 2-10）。

3. 剪刀

剪刀的使用较为广泛，蒙古族刺绣在剪线头、雕绣、抽丝时使用的剪刀不同，会根据具体用途选择合适的剪刀（图 2-11）。剪线头使用的剪刀，剪尖应往上翘，以避免剪线头时剪尖挑到绣花上。用来雕绣和抽丝的剪刀，剪尖则应细尖锋利，钢口好的剪刀最为合适，因为这样的剪刀可反复使用，并且越磨越锋利。

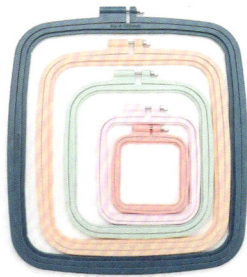

图 2-8　方形绷

图 2-9　圆形绷

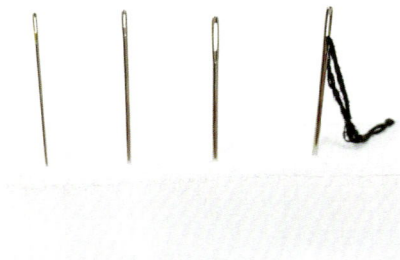

图 2-10　绣花针

图 2-11　剪刀

第四节　制作工艺与技法

　　蒙古族刺绣工艺流程复杂，主要依靠手工完成。主要有构思画样、选料、描稿、选线、绷绣架、刺绣和装裱七道程序。

一、构思画样

　　构思画样是蒙古族刺绣的第一步，刺绣作品的图案样式是决定作品好坏的重要标准。蒙古族的少女聪明勤劳，喜欢用自己的智慧和灵巧的双手边构思边创作，先在脑子中构想各种心仪的图案，然后把这种设想绘制成图案。

　　蒙古族刺绣有两种主要图案。一种是自然形态的，多以犄纹、佛手和各种各样的花卉、草木、雄狮、五畜等为主，其中绣花的居多，花卉图案丰富多样，有的改变花叶枝干的正常比例，有的一茎多花。总之，花叶及枝干可以根据装饰的实际需要进行适当变形。更值得关注的是，在这巧妙的设计中，线条的粗细都有着严格的规律性。另一种是几何形态，多以点、线、面等构成的几何形状为主。这些图案的设计都是蒙古族人民从长期的劳作生活中或传承古人的成果而获得的（图2-12～图2-17）。

图 2-12　吉祥结

图 2-13　祥云图

图 2-14　角用吉祥图

图 2-15　妙莲图

图 2-16　宝瓶图　　　　　　　　　　　图 2-17　双鱼图

　　蒙古族人民在刺绣的实践中不仅善于观察生活，还善于学习，像佛手、寿字图案、龙凤图案等都是从汉族学习来的。

二、选料

　　构思画样完成之后，下一步要进行底布和配线的选取。一般而言，底布的选取非常重要，常常会影响刺绣作品风格的走向。蒙古族女子在绣男靴或者风雪帽时一般采用黑色布或蓝色布作为底布，给人以朴素稳重的艺术效果。在缝制手工艺品或者装饰品时一般都大胆选色，选取艳丽的颜色，且蒙古族牧民们极其讲究主副色调的搭配。他们认为各种暖色调使人心情愉悦开阔，展现无尽的生命力；各种冷色调使人感到幽静含蓄，平稳人们情绪。这些在蒙古族刺绣作品中都得到充分的体现（图 2-18）。

图 2-18　底布的选择

三、描稿

　　在蒙古族生活中，各式的装饰贴花、鞍具、蒙古包等刺绣品都是用毡和布里阿耳皮作为底子的，因为这些底料比较粗厚。一般先用牛筋或驼绒线缝制出轮廓，方便后续的刺绣。而那些用布或者绸缎做底子的刺绣，就要求先在底布上描稿（图 2-19）。

图 2-19　描稿

四、选线

根据整个刺绣作品的风格选择合适的丝线来搭配底布以及整个作品的色调，让刺绣作品看起来更加美观。像白底黑花的摔跤服和白蒙古袍，基本就以白色和黑色丝线为主，给人以明快活泼的感觉。大多数蒙古族牧民对白色和青色较为喜爱，因此配线选白色和青色的也居多。整体来说，大部分的配线会根据作品风格来选取。

五、绷绣架

绷绣架是指将底布放在绣架上撑起来，方便后续的刺绣。一般底布的松紧应该适中，不宜太紧或者太松。以毡和布里阿耳皮为底布的蒙古族刺绣，由于底布材质较为厚重，因此可以直接进行缝制，不需要上绣架。以布和绸缎为底布的刺绣要求更加精细，为保证刺绣不走样，会放在绣架上刺绣。

六、刺绣

刺绣是整个过程中最关键的、也是耗时最长的步骤。一幅优秀的蒙古族刺绣作品往往需要花费几个月的时间来完成，对刺绣针法的要求也非常高。蒙古族刺绣中比较常见的针法包括齐针、散套、施针、打子、'退晕法"针等，蒙古族根据所绣制的图案不同选取合适的针法，使刺绣作品更加有层次和质感（图 2-20）。

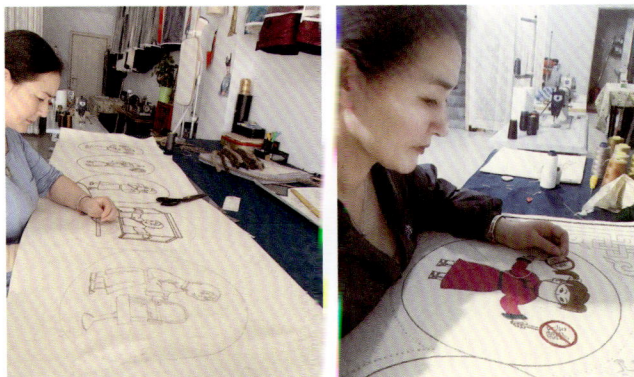

图 2-20

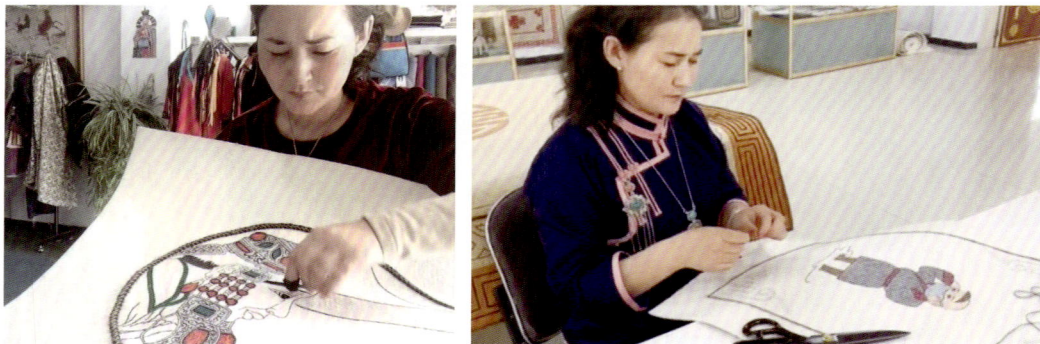

图 2-20　传承人在刺绣

七、装裱

刺绣完成之后，装饰性作品一般需要放进裱框，便于存放和收藏。在装裱之前要先把作品熨平，以免在装裱过程中出现皱纹。裱框会根据作品的风格、用途以及订制人的喜好进行选择。

第五节　工艺特征与纹样

一、朴素鲜艳的色彩

蒙古族人民通过对生活深入的体会，精准地把握色彩在刺绣中给予人的冲击力。一方面，蒙古族刺绣注重对比色的配合，以常用的刺绣图案——花卉为例，在刺绣过程中运用召庙中建筑彩绘的"退晕法"来降低对比色的纯度，从而提高颜色的明亮度，逐渐过渡形成明暗对比的效果，使花卉图案的层次更加鲜明且协调，给人以明朗的感觉。另一方面，蒙古族刺绣强调色调的完美配合，牧民们经常穿的靴子一般是深绿色配草绿色交叉图案或者各种变体的盘肠图案，给人一种冷色调的视觉感受；毡底子缝制的贴花艺术也具有这种类似的效果，在各种白色或淡黄色的底毡上搭配红色布贴花，形成一种朴素大方的暖色调。更多蒙古族刺绣作品中具有多种细微的色调差别，包括热调、冷调、明调、暗调，以红色为主的热调、以蓝色为主的冷调等，这些朴素鲜艳的色彩构成了蒙古族刺绣重要的一部分。

二、毡底与纹样的巧妙结合

蒙古族刺绣的毡底与整体纹样都要相互匹配，形成很好的装饰作用。一般来说，蒙古族一些十分聪明能干的姑娘们都会采取各种刺绣方法使底子与纹样巧妙结合，避免刺绣产生整体空间形象过于复杂畸形或者疏密空间分布不均的现象，进而影响纹样的美观，使图案在刺绣作品中减色。正确的毡底空间与刺绣纹样排布应该有轻有重、有实有虚，力求疏而不空、虚中有实，密而不闷、实中有虚。总之，蒙古族人民在日常生活中会极其细致地观察各种物体的结构特征，把握各种层次关系，恰当地运用粗细线条来增强刺绣的整体艺术效果，力求绣出更加生动形象的作品来。

三、与生活密切相关

蒙古族刺绣与现代人们的生活以及大自然都有着密切的联系，刺绣艺术作品中的各种图案大多来源于现实生活和大自然，刺绣制作艺术也丰富了现代人们的日常生活。民族刺绣图案中包括自然形态类的图案和其他几何形态类的图案，如花草树木、飞禽走兽和各种点线面所构成的几何图形等，都是从人们体验生活和集成古人的刺绣成果中提炼获得的。例如，现在蒙古族刺绣中常见的"宝相花"图案，此类的图案内容在召庙中最为丰富，主要受到明清以来喇叭教的文化影响；蒙古族妇女亲手绣制的各色花朵具有各种各样的姿态，主要运用的是丝理，即根据刺绣中的花纹线条排列的方向规律来准确表达各种花朵的自然形态。这些民族刺绣的艺术内容及制作方法主要是蒙古族人民通过观察现实生活而学习得来的。

四、多种刺绣针法

针法就是指在刺绣中运针的一种方法，也是利用线条组织的形式，每一种刺绣针法都具有一定的线条组织规律。各种蒙古族刺绣针法都是在人们刺绣实践过程中不断产生并逐步演化发展的，常见的几种蒙古族刺绣花纹针法主要有以下几种：

1. 齐针

蒙古语称齐针为"梯格泰"，它是最常见且普遍使用的刺绣针法，这种针法排列均匀整齐，保证起落针都落在纹样的外缘，线条均匀齐整。

2. 散套

散套，蒙古语称为"莎玛拉柱敖由乎"，其主要特点是将长短不同的各种线条参差排列，针法相嵌。

3. 施针

"施针"主要特点是用来绣制各种飞禽走兽，用稀针针法分层进行加密，使各种线条排列的更加自然。

4. 打子

"打子"，蒙古语称为"敖日雅马拉"，是指用线条绕成粒状的小圈，组成基本的绣面，绣制动物的耳朵、眼睛、花蕊等时会用到这种针法。

5. 退晕法

"退晕法"，蒙古语称为"莎吐兰敖由呼"，它用齐针分皮前后衔接而成，由外向内进行，也可以由内向外。

第六节　作品赏析

　　蒙古族刺绣代表作品主要分为两个系列，一是各种各样的装饰画刺绣系列，如人物刺绣画、动植物刺绣画、抗击新冠肺炎疫情宣传刺绣画等；二是手工艺产品系列，包括荷包、男女士手提包、挎包、烟斗袋等。

一、装饰画刺绣系列

　　蒙古族刺绣的很多作品都是以人物肖像、花草树木、虫鱼鸟兽为主题。《母亲》（图2-21）这幅人物肖像刺绣画是传承人的母亲，在母亲去世后，为表达思念之情，传承人花费三个月的时间绣出这幅作品。作品中母亲头上围着绿色丝巾，身着棕色蒙古袍，脸上的皱纹清晰可见，但却满含笑意，传递出蒙古族劳动人民对美好生活的向往与追求。这类作品中年迈的妇人、年轻的姑娘都是取材的对象（图2-22、图2-23）。

　　《八宝祥》（图2-24）这幅作品色彩艳丽、线条明朗，给人以强烈的视觉冲击感，寓意吉祥如意，生活美满幸福。这幅作品曾在2019年全区蒙古族刺绣大赛中获得优秀作品奖。

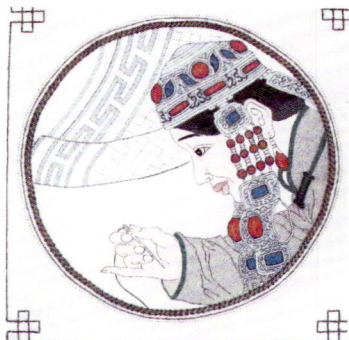

| 图2-21　《母亲》 | 图2-22　年迈的妇人 | 图2-23　年轻的姑娘 |

　　随着2020年新冠肺炎疫情的暴发，以抗击新冠肺炎疫情为主题的刺绣作品应运而生，以刺绣漫画的形式向大众传播抗疫知识，面对新冠肺炎疫情要做到"不恐慌、不传谣；不聚集；戴口罩、讲卫生；勤通风；勤洗手"，采取正确措施控制疫情进一步蔓延。如图2-25、图2-26所示。

　　除了常见的人物肖像刺绣和抗击新冠肺炎疫情系列刺绣外，几何图案及动植物图案刺绣也非常普遍（图2-27）。

图 2-24　《八宝祥》

图 2-25　抗击新冠肺炎疫情系列刺绣作品

图 2-26　共同抗击新冠肺炎疫情

图 2-27　几何图案刺绣

二、手工艺产品系列

　　传承人把蒙古族刺绣与现代时尚元素相结合开发出许多手工艺产品，例如手提包、挎包、贴花、荷包等。手提包（图2-28）主要以灰白色调为主，正面看由点、线构成的圆、多边形为主，边缘外加一圈灰色几何图案，反面则较为简单，以线条及几何图形组成的图案为主，整体看起来简洁大方，时尚美观。另一款手提包（图2-29）做工更加精致，中间为不同颜色线条构成的几何图案，图案既带有传统刺绣元素，又因为颜色鲜艳而不失时尚，在当地深受大众欢迎。

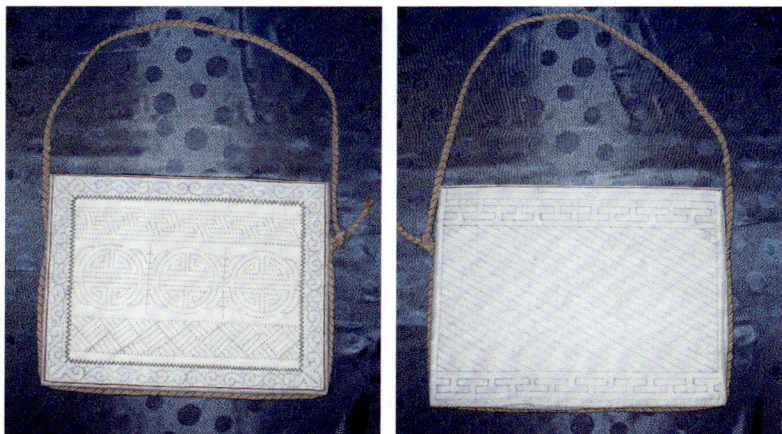

图 2-28　手提包一

图 2-29　手提包二

　　挎包在手工艺产品中所占比例也很大，且对外销量不断增加。挎包（图2-30）上图案与手提包类似，也是由点线组成的几何图形，但颜色搭配却相差甚远，该挎包以蓝色为主色调，蓝色区域面积占比高达70%左右，包的上部以红色为主，蓝色与红色的搭配时尚简约，吸引了不少当地人前来购买。

　　贴花刺绣是指把各种各样的羊毛面料、大绒或羊毛皮革裁剪成各式的装饰纹样。贴

图 2-30　挎包

花是把花贴在布底或毡底，经过手工缝缀、锁边而形成的一种小型刺绣品或装饰品，经常用在蒙古包的门帘、密缝的毯子、驼鞍上等，在蒙古族人民中极受欢迎。常见的贴花图案主要以几何图形为主，与蒙古族古老的传统密切相关（图2-31）。

传统荷包是蒙古族人随身佩戴的一种装零星物品的小包，现代意义上的荷包主要起到装饰的作用。其造型多样，圆形、椭圆形、方形，也有如意形、石榴形、桃形等，图案有的简单，有的复杂，主要是花卉、树木、山水、鸟兽、吉祥语、诗词文字等（图2-32）。

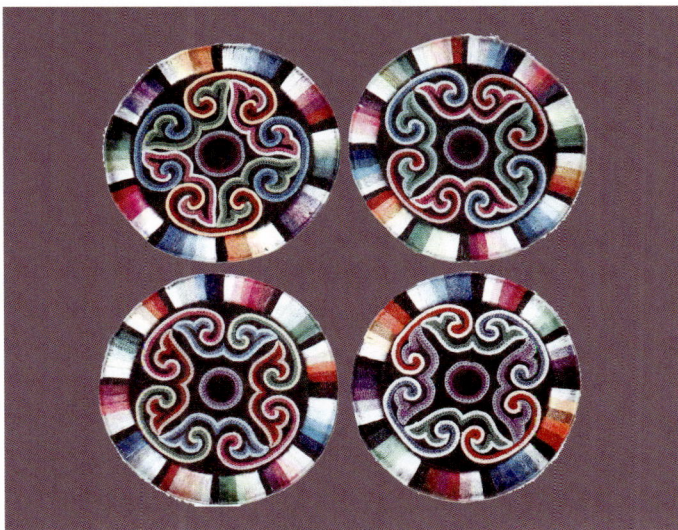

图 2-31　贴花

图 2-32　荷包

第七节　传承人专访

为进一步深入研究并继承和创新非物质文化遗产蒙古族刺绣，笔者深入内蒙古自治区调研，并专访了蒙古族刺绣旗县级传承人乌仁萨如拉，以下为此次专访内容。

一、请问您是如何接触到蒙古族刺绣的？

乌仁萨如拉：我的外祖母、母亲都是做蒙古族刺绣出身的，她们对我的影响很大，最初对蒙古族刺绣产生深厚的兴趣也是受她们启发。我从十几岁的时候就跟着母亲学习蒙古族刺绣，后续又跟着当地的绣娘深入学习，我发现刺绣是一门需要耐心、毅力、全情投入的民间艺术，我经常在刺绣过程中忽视掉身边的人和事。自从我的母亲去世后，我就担负起了传承蒙古族刺绣的责任，我希望这门艺术能够有更多的人知道并喜欢。在经济条件有所改善的时候，我就开了一家服饰店，有单子的时候就赶赶工，在家里做做刺绣维持生计。在文化馆举办非遗传承活动的时候，我也会带着自己的刺绣作品去参加，向外界宣传蒙古族刺绣。

二、当地政府对蒙古族刺绣的传承有没有给予帮助？

乌仁萨如拉：当地政府对蒙古族刺绣的传承比较重视，一方面，本地的文化馆会定期举办蒙古族刺绣培训班，培训所需要的场地、资金、设施等都是文化馆提供的，包括参加培训的人员也是文化馆去积极地向外界发布消息，招募来的那些对刺绣有着浓厚兴趣的各界人士，现在培训班已经成功举办了三届，共培训学员200多名。培训班的成功举办在传承蒙古族刺绣的同时，也让更多人掌握一门生存技艺。另一方面，文化馆会搜集各地展会及比赛的信息告知传承人，这也让我们有了更多向外界展示蒙古族刺绣的机会。另外，国家级的非遗项目有一定的资金扶持，如果条件符合，可以申请资金支持。

三、请问目前蒙古族刺绣的发展现状如何？

乌仁萨如拉：在当地文化馆的扶持下，每年会举办非物质文化遗产蒙古族刺绣培训班，既能够解决一部分学员的就业问题，也能让蒙古族刺绣走进基层大众。同时，我认为蒙古族刺绣的传承离不开当代年轻人，"非遗进校园"就是一种让年轻人了解非物质文化遗产的最优途径。作为创一职业培训学校蒙古族服装制作指导专家和北京师范大学非遗传习导师，我在给学生上课的过程中也感受到了他们对蒙古族刺绣的热爱。

四、您认为蒙古族刺绣与其他刺绣最大的不同是什么？

乌仁萨如拉：首先，蒙古族刺绣是蒙古族劳动人民智慧的结晶，在其不断发展过程中，与蒙古族传统文化密切相关。当下非常流行的蒙古族刺绣图案有各种盘肠和交叉图案，卷草纹、杏花、牡丹、江西蜡等，包括带有民族宗教文化色彩的刺绣图案都不同于其他刺绣；其次，蒙古族刺绣不仅可以像其他刺绣在软面料上绣花一样，还可以使用驼绒线、牛筋等在驼绒羊毛毡和羊绒皮靴等硬材质面料上进行刺绣，且图案色彩朴素鲜明，具有自己独特的风格；最后，也是与其他刺绣最大的不同点，即蒙古族刺绣所运用的针法较多，每个针法有都自己的特点，例如，在绣制鸟的眼睛、花蕊等图案时，用到"打子"，绣制皮料和毡料底子贴花时用到"接针"，绣制飞禽走兽的图案时用到"施针"，针法独到且活泼。

五、请问您对蒙古族刺绣的未来发展有什么期望？

乌仁萨如拉：我希望有更多的人知道并热爱蒙古族刺绣这项古老的民间技艺，让它走进百姓家中。蒙古族刺绣作品不仅是一个很好的装饰品，缝制的各种现代手工艺品也具有很强的实用性，我希望能够做出更多美观性与实用性相结合的刺绣作品、手工艺品吸引更多的人。同时，我也会继续努力让更多年轻人喜欢上刺绣，在走进校园宣传蒙古族刺绣时，不仅要讲解蒙古族刺绣的理论知识，更要让他们上手实践，绣出自己的作品。

六、请问您如何选择传承人？

乌仁萨如拉：文化馆举办的蒙古族刺绣培训班现在已经培训 200 多名学员，很多学员聪明能干，上手快，经过短期的培训已经能够独立的完成刺绣作品。以后我们会每年都举办蒙古族刺绣培训班，在培训班中挑选出表现优秀的学员，然后进行深入培训，选定其为下一代蒙古族刺绣传承人。

第八节　传承现状与对策

一、传承人为刺绣技艺发展做出的贡献

近年来，乌仁萨如拉带着蒙古族刺绣作品多次参加展览，得到社会各界人士的广泛关注；还受邀担任北京师范大学非遗传习导师，向在校大学生传承刺绣技艺，对蒙古族刺绣的传承和发展做出了巨大贡献。传承人在展会中曾经多次受社会各界人士及

电视台采访，极大地促进了蒙古族刺绣的传播（图2-33）。

图 2-33　传承人接受采访

传承人乌仁萨如拉参加 2020 年自治区非遗产传承人群研培计划（图 2-34），并参与锡林郭勒盟苏尼特左旗与兴安盟文化旅游暨传统工艺工作交流会（图 2-35）；2021 年参加庆祝建党 100 周年苏尼特左旗非遗手工艺传承人会议（图 2-36）。

图 2-34　乌仁萨如拉参加非遗传承人群研培计划

图 2-35　乌仁萨如拉参加传统工艺工作交流会

图 2-36　乌仁萨如拉参加非遗手工艺传承人会议

传承人乌仁萨如拉在 2021 年被北京师范大学聘为非遗传习导师（图 2-37），聘期三年，并与锡林郭勒盟其他非遗传承人一起参加非遗进校园文化交流会（图 2-38），共同助推非物质文化遗产的传播，传承人还在北京师范大学为学生授课并现场指导学生刺绣（图 2-39、图 2-40）。

图 2-37　北京师范大学
非遗传习导师

图 2-38　传承人参加非遗进校园文化交流会

图 2-39　传承人给学生指导

图 2-40　学生学习刺绣

二、传承现状

蒙古族刺绣虽然已经列入国家级非物质文化遗产名录，但是其传承和发展仍然面临着很大的困难，主要表现在以下几个方面。

（一）蒙古族刺绣的宣传力度不够

提起刺绣，大多数人就会想起中国的四大名绣，苏绣、湘绣、粤绣和蜀绣。对于蒙古族刺绣，很多人并不知道它的存在，更不用提其艺术特色、针法特点等。尽管当地对于蒙古族刺绣给予一定扶持及宣传，但是其宣传范围小且力度弱，宣传地区也仅限于内蒙古地区。因此，采取何种渠道宣传提升大众对于蒙古族刺绣的认识和理解是当务之急。

（二）产业化、规模化力度不够

随着社会的不断进步和发展，现代工业发展迅速，刺绣现代化设备和技术广泛普及，传统工艺美术逐渐淡出人们的视野，蒙古族刺绣技艺也受到了强烈冲击。蒙古族刺绣作品主要以手工制作为主，一幅作品往往要耗费几个月的时间，投入大量人力物力，因此价格很高，销量并不乐观。还有一种情况，传承人耗费大量时间制作出的刺绣作品，有人愿意以高价购买，但是传承人出于外出参展、比赛的缘故放弃卖出。因此，早日实现产业化、规模化，才能够使蒙古族刺绣融入现代化生产，实现可持续发展，让这一民族特色技艺不断发光发热。

（三）创新力度投入不够

当今我们正处于高度现代化、信息化的社会，刺绣制作所需要的材料、技术不断更新，加上国外各种刺绣工艺技术、设计创新理念的不断涌入对中国传统产业造成冲击。当前蒙古族刺绣这门手工刺绣技艺使用的材料、运用的技术都是前辈传下来的，刺绣服装、手工艺产品的设计理念没能跟上时代发展，很多前来购买蒙古族刺绣的顾客觉得刺绣作品种类少，手工艺产品太过古老，不太实用。因此，刺绣行业未来的可持续发展一定是将中国传统刺绣元素和现代工艺技术相结合，将传统技艺与现代艺术时尚设计理念完美结合，使刺绣作品具备审美性和实用性。

（四）人才培养困难

目前，蒙古族刺绣传承人培养方式为家族传承和师道传承。家族传承是指沿袭家族传统继续从事蒙古族刺绣，师道传承是指在蒙古族刺绣培训班中选择刺绣技艺高超的学徒作为下一代传承人。目前来看，两种培养方式不足以支撑蒙古族刺绣的后续人才发展需要。因此，如何培养更多手工艺人、引进设计人才对于发展民间传统艺术刺绣也是一大挑战。

三、传承对策

针对以上在传承和发展蒙古族刺绣中遇到的问题，需要政府、高校、传承人及社会各界人士共同参与，笔者建议从以下几个方面入手。

（一）加大对蒙古族刺绣的宣传与普及

政府积极地助推蒙古族刺绣的宣传，联合当地文化馆、博物馆举办蒙古族刺绣公益性展会，推出竞争机制的刺绣比赛，邀请传承人举办座谈会等，积极地向大众传播蒙古族刺绣。当地的文化馆可以充分利用现代网络传播方式，通过记录蒙古族刺绣过程，讲解刺绣风俗起源与基本知识，形成宣传蒙古族刺绣的纪录片，唤起人们对刺绣技艺的传承保护意识。另外，刺绣制品作为一种民族艺术品，在国内外市场上能够获得社会大众广泛喜爱的一个首要条件，就是刺绣要充分满足社会大众文化审美和生活需求，要保证具备独特的中华民族历史文化艺术内涵和社会价值观念内涵。具有独特地域性的民族历史文化传统特色艺术内涵、广泛使用价值及符合市场需求的民族刺绣作品才是好产品，才能够创造更多经济收益，走得更加长远。传承人在打造刺绣作品的同时，也应积极地创建品牌，让产品具备生命力，树立蒙古族刺绣产品的形象。

（二）推动蒙古族刺绣产业化、规模化发展

产业化、规模化发展蒙古族刺绣也是为了更好地传承。首先，产业化、规模化必须要有企业的积极参与，利用企业加强蒙古族刺绣的产品营销和市场拓展，积极引进非物质文化遗产项目的投资，不断开发新的刺绣产品，提高产品附加值，并扩大蒙古族刺绣产品的市场份额。另外，建造蒙古刺绣民族创意文化旅游产业园也能够助推我国蒙古族刺绣产业快速走向产业化、规模化。在当地政府的大力帮助下，将刺绣产业园整体打造成国家级旅游景区，融入丰富的蒙古族刺绣文化艺术，发展走向现代化和时尚的民族刺绣创意艺术文化产业，突出蒙古族刺绣在人民生活用品市场中的引领示范作用，不断探索推动蒙古族刺绣产业与传统文化产业、旅游休闲产业相结合的发展路子，形成组织化、规模化、标准化的整体刺绣产业布局。

（三）加大创新投入力度

蒙古族刺绣的发展必须利用高新技术和现代科技才能更长远地生存下去。当今社会新材料、新技术的不断研发和应用使蒙古族刺绣多样性有了更大的发展空间。蒙古族刺绣要不断在材料、工具、技术、工艺等方面进行创新。例如，可以将不同的材料用不同的染织工艺，运用不同的刺绣技术进行技术合成。同时，传承人可以进行新产品的研发，加大研发经费的投入、创新设计的投入，并不断创新制作技艺和营销模式，将更多具有民族文化特色的刺绣工艺品推向大众。

（四）转变人才培养方式

传统文化传承人才培养方式以家族关系传承和师道关系传承为主，这种偏静态化的传承培养模式在当代中国社会已经不适用，必须向动态化的传承模式进行演变，避免学徒难以寻找、传承乏力的尴尬状况。蒙古族刺绣的传承人培养从培训班中选出资历较老、技术纯熟的学员，显然是不能完全满足需要的，培训班的开班方式主要以短期培训为主，具有娴熟刺绣技艺的学员较少，因此，政府需要加大对传承人的扶持力度，在培训班结束后继续追踪学员情况，开展更多的刺绣工艺培训，并对表现优异的

学员进行深入培训。同时，蒙古族刺绣传承人也需要注入一批新鲜的血液，文化馆及传承人可以与当地高校、企事业单位进行合作，在高校开设相关课程，吸引更多对刺绣感兴趣的社会人士和大学生参与，壮大蒙古族刺绣的人才队伍。

第三章

蒙古族唐卡（马鬃绕线堆绣唐卡）

蒙古族唐卡又称马鬃绕线堆绣唐卡，是唐卡文化中的一个分支，是内蒙古自治区阿拉善地区独有的一种传统手工艺术品。2015 年 9 月，蒙古族唐卡（马鬃绕线堆绣唐卡）被列入第五批自治区级非物质文化遗产保护名录。2021 年 5 月，其被列入第五批国家级非物质文化遗产代表性名录，传统美术类项目（表 3-1）。2016 年 10 月格日勒被认定为自治区级非物质文化遗产传承人（图 3-1）。格日勒自幼随母亲学习爷爷留传下来的马鬃绕线堆绣唐卡制作技艺，她一直致力于马鬃绕线堆绣唐卡技艺的传承发展，并创新设计了唐卡作品的题材内容，将蒙古族文化以精美绝伦的唐卡作品的形式展现给世人。格日勒不仅承担了发扬传统民族文化的重担，也积极投入阿拉善地区精准扶贫、促进贫困人员创业就业的事业中。

表 3-1　蒙古族唐卡（马鬃绕线堆绣唐卡）

名录名称	蒙古族唐卡（马鬃绕线堆绣唐卡）
名录编号	Ⅶ-124
名录类别	传统美术
名录级别	国家级
申报单位或地区	内蒙古自治区阿拉善左旗
传承代表人	格日勒

图 3-1　内蒙古自治区级非物质文化遗产代表性传承人荣誉证书

第一节　起源与发展

马鬃绕线堆绣唐卡是在青海堆绣唐卡的基础上形成的蒙古族特色唐卡。唐卡作品的内容主要以佛教题材和本土历史人物为主，采用堆贴绣与马鬃绕线刺绣相结合的独特技艺制作而成，作品色彩艳丽，富丽华贵，展现了鲜明的蒙古族特色。

一、蒙古族唐卡制作技艺的起源与发展

唐卡是西藏语 thang-ga 的汉语译音，本意是"卷轴画"，藏文意思为平坦、展开、广阔等。《藏汉大词典》对"唐卡"的解释是："卷轴画，可用卷轴卷成一束的有图像的画。"材质选择纸或布，技艺选择刺绣或贴绣，可贯轴卷起来的作品，都可称为唐卡。

蒙古族唐卡是在内蒙古阿拉善地区传承 300 余年逐渐形成的具有蒙古族特色的唐卡艺术表现形式。这项技艺在传统唐卡制作中融入马鬃绕线技艺，将马鬃绕线绣制在纹饰的边缘，增加其立体感。马鬃绕线的优点是制作的作品不变形、不生虫、经久耐用。马鬃绕线堆绣唐卡在沿袭藏传佛教唐卡内容、构图、比例的基础之上，经过长期的积淀与发展，其内容题材及工艺技术更趋于多样化与本土化，而且作品中表现出了许多蒙古族生活日常的内容，注入了蒙古族匠人对于唐卡艺术新的理解方式。蒙古族的艺术特色、审美情趣以及民族信仰等元素都在马鬃绕线堆绣唐卡中得以展现。在新时代背景下，马鬃绕线堆绣唐卡的内容题材不再拘泥于佛教、神话等，更加多样化，具有逐步走向现代新型唐卡的发展趋势。

二、传承人所继承的蒙古族唐卡技艺的起源和发展

马鬃绕线堆绣唐卡制作过程中，每道工序都保留了最传统的做法。唐卡作品线条凸出，立体感强，色彩层次分明，人物生动。其题材主要选择佛像、佛教故事和神话故事。其传承方式主要有寺庙传承、家庭传承、社会传承。马鬃绕线堆绣唐卡是由西藏到内蒙古传教的喇嘛带来的唐卡技艺衍生而来。最初这项技艺是在建造寺庙时喇嘛绘制佛经时使用的，这是最开始的唐卡，这项技艺在寺庙里代代相传。传承人格日勒的爷爷曾是当地藏传佛教寺庙的喇嘛，因此掌握了唐卡的制作技艺。随着蒙古族群众日常生活逐渐丰富多彩，这项技艺逐渐地由寺庙转移到家庭之中，格日勒就是随母亲学习这项技艺。随着社会的发展，马鬃绕线堆绣唐卡技艺获得了外界认可，从而得到了快速的发展。阿拉善马鬃绕线堆绣唐卡经历了寺庙传承到家庭传承再进一步扩展到社会传承，一步步扩大规模，不断演变出适应时代的传承发展方式。

蒙古族马鬃绕线堆绣唐卡制作技艺自治区级传承人格日勒（图 3-2）出生于内蒙古自治区阿拉善左旗，是一名共产党员。格日勒退休后，全身心投入蒙古族唐卡制作技艺的传承与发展事业中（图 3-3）。不仅如此，2015 年她将在国外工作的儿子召唤回国，一起参与到唐卡制作技艺的传承工作中。出于对民族文化的热爱和对非遗传承的责任感，也为了更好地保护和传承这项

图 3-2　传承人格日勒

阿拉善独有的非物质文化遗产制作技艺、挖掘少数民族优秀传统文化的经济价值，母子二人（图3-4）创办了阿拉善左旗金钢马鬃绕线丝绣有限公司，这是国内首家保护和传承马鬃绕线堆绣唐卡的文化公司（图3-5），总占地面积为950平方米，其中马鬃绕线蒙古唐卡非遗博物馆450平方米，培训基地300平方米（图3-6），工作室200平方米，现工作

图3-3 格日勒制作唐卡作品

人员32名，学徒工100多人（图3-7、图3-8）。该公司先后被评为全国巾帼脱贫示范基地，全国巾帼文明岗，内蒙古自治区文化产业扶贫试点项目，内蒙古自治区传统工艺振兴试点项目，内蒙古自治区非遗扶贫就业工坊，内蒙古自治区退役军人职业技能培训基地，全盟民族团结进步教育基地，阿拉善残疾人文化创意产业基地，阿拉善左旗职业技能定点培训机构，阿拉善就业扶贫车间，阿拉善左旗扶贫培训基地，阿拉善左旗扶贫创业车间，马鬃绕线蒙古族唐卡传承基地，格日勒马鬃绕线制作蒙古族唐卡名师带徒工作室，助力基层社会治理突出贡献单位等称号。2018年12月28日，她创办的马鬃绕线蒙古唐卡非遗博物馆也顺利开馆（图3-9）。为了传扬马鬃绕线堆绣唐卡技艺，展现阿拉善地区的风土人情，马鬃绕线蒙古唐卡非遗博物馆免费对外开放，自开放起已累计有4万多人参观学习（图3-10），极大地丰富了阿拉善旅游的文化内涵，获得了各界人士的一致好评。

图3-4 格日勒（右）及其儿子布和（左）

图3-5 金钢马鬃绕线丝绣有限公司

图 3-6 马鬃绕线蒙古唐卡非遗传习所

图 3-7 格日勒（1排左3）教徒弟制作唐卡

图 3-8 格日勒（左2）与员工

图 3-9 马鬃绕线蒙古唐卡非遗博物馆

图 3-10 马鬃绕线蒙古唐卡非遗博物馆接待参观游客

　　为了更好地保护和传承马鬃绕线堆绣唐卡工艺，同时改善当地农牧民的生活水平，她把非遗传承与扶贫结合。自 2015 年起，格日勒开设马鬃绕线堆绣唐卡制作技艺培训班，为当地的农牧民、下岗人员、残疾人士等累计 500 多人免费传授马鬃绕线堆绣唐卡制作技艺（图 3-11、图 3-12）。格日勒凭借其精湛的蒙古族唐卡制作技艺，以及为蒙古族唐卡制作技艺传承及阿拉善脱贫工作的卓越贡献获得了诸多荣誉。2020年，她先后荣获内蒙古自治区蒙古族刺绣大师（图 3-13），全国薪火相传助力扶贫杰出贡献者，2020 年度中国残疾人事业新闻人物特别提名奖，内蒙古最美绣娘，北疆工匠等荣誉称号。2021年荣获全区优秀共产党员，全区非物质文化遗产保护工作先进个人称号。其作品也屡获大奖，2018年4月20日～24日期间，她参加第十一届中国（潍坊）文化艺术展示交易会，其作品《大威德金刚》脱颖而出并获得金奖。2018年8月10日参加内蒙古展览馆"守望相助——56民族非遗邀请展"，在全国22个省区市筛选的56个民族最具民族意义的171个项目，183名传承人展示中，她的作品得到了内蒙古自治区副主席艾丽华和自治区宣传部部长白玉刚的高度赞赏。2019年6月7日参加内蒙古2019年"文化和自然遗产日"非遗宣传展示系列活动内蒙古"最美绣娘"刺绣非遗展，她的作品《马鬃绕线蒙古马》获得了大众最喜爱作品一等奖。2019年6月21日，为庆祝新中国成立70周年，内蒙古自治区在北京举行新闻发布会，她的作品《56民族大团结唐卡》代表内蒙古非物质文化遗产在现场展示，得到国家领导人高度赞赏。2020年7月2日，自治区妇联主席胡达古拉一行人到马鬃绕线蒙古唐卡博物馆参观学习唐卡制作技艺（图3-14）。2019年8月，她荣获全区蒙古族刺绣大赛一等奖。2019年10月4日，在阿拉善盟委书记杨博、盟长代钦的陪同下，内蒙古自治区党委副书记、自治区主席布小林一行到马鬃绕线蒙古唐卡博物馆参观指导，给予了充分的肯定（图3-15）。格日勒部分荣誉及获奖证书详见表3-2。

图3-11　阿左旗巾帼脱贫基地项目——马鬃绕线堆绣唐卡技艺培训班（格日勒2排左4）

图3-12　马鬃绕线堆绣唐卡培训班（格日勒1排右5）

图 3-13　格日勒（右 3）荣获"蒙古族刺绣大师"称号

图 3-14　内蒙古自治区妇联主席
胡达古拉（右 2）参观马鬃绕线蒙古唐卡博物馆

图 3-15　内蒙古自治区党委副书记、
自治区主席布小林（右 1）
到马鬃绕线蒙古唐卡博物馆参观指导

表 3-2　传承人格日勒所获荣誉

获得时间	奖项说明	颁奖单位	证书图片
2021 年 3 月	全区非物质文化遗产保护工作先进个人	内蒙古自治区文化和旅游厅	
2020 年 11 月	第十二届薪火相传"传匠心扶贫，与爱同行——寻找匠心传承，助力扶贫杰出贡献者"活动中，获杰出个人	中国文物保护基金会	

获得时间	奖项说明	颁奖单位	证书图片
2020 年 10 月	内蒙古自治区"蒙古族刺绣大师"	中国蒙古学学会,内蒙古蒙古刺绣传承创新学会	
2019 年 9 月	阿拉善左旗文化传承先进个人	中共阿拉善左旗委员会,阿拉善左旗人民政府	
2019 年 7 月	作品《黄财神》在阿拉善盟"匠心筑梦,巾帼献礼"妇女手工艺文创大赛中荣获一等奖	阿拉善盟妇女联合会,阿拉善盟残疾人联合会	
2019 年 6 月	在阿左旗"巾帼巧手展风采·奋力建功新时代"喜迎祖国 70 华诞民族手工制作展示大赛中获评传统手工作品类一等奖	阿拉善盟妇女联合会,阿拉善盟残疾人联合会,阿拉善左旗文学艺术界联合会	
2019 年 6 月	在阿左旗"巾帼巧手展风采·奋力建功新时代"喜迎祖国 70 华诞民族手工制作展示大赛中被评为"最美绣娘"	阿拉善盟妇女联合会,阿拉善盟残疾人联合会,阿拉善左旗文学艺术界联合会	
2019 年 6 月	作品《马鬃绕线凤凰蒙古袍》在"绣美家乡时代风采——内蒙古最美绣娘评选大赛"中获评"大众最喜爱刺绣作品奖"	内蒙古自治区文化和旅游厅	

内蒙古自治区纺织类经典非物质文化遗产

获得时间	奖项说明	颁奖单位	证书图片
2019年6月	在"绣美家乡时代风采——内蒙古最美绣娘评选大赛"中被评为"内蒙古最美绣娘"	内蒙古自治区文化和旅游厅	
2019年4月	阿拉善工匠	阿拉善盟工会	
2019年4月	阿拉善盟五一劳动奖章	阿拉善盟工会	
2018年4月	作品《大威德金刚》荣获第三届中国（潍坊）民间艺术博览会金奖	中国民间文艺家协会，山东省文学艺术界联合会，山东省民间文艺家协会，中国（潍坊）民间艺术博览会组委会	
2018年1月	在"阿拉善左旗首届文化旅游产业发展交流推进大会"荣获2017年度非物质文化遗产传承优秀个人奖	阿拉善左旗人民政府，中共阿拉善左旗委员会	

获得时间	奖项说明	颁奖单位	证书图片
2017 年 12 月	作品《大威德金刚》在 2017 年全区蒙古族拉弦乐器制作技艺、刺绣及剪纸项目精品评选活动中荣获最佳构图奖金奖	内蒙古自治区文化厅	
2017 年 12 月	作品《五世达赖和固始汗》获 2017 年全区蒙古族拉弦乐器制作技艺、刺绣及剪纸精品项目最佳构图奖金奖	内蒙古自治区文化厅	
2017 看 11 月	被授予"尽责圆梦践行者，北疆最美女性"荣誉称号	内蒙古自治区党委宣传部，内蒙古自治区妇联	
2017 年 10 月	被授予"内蒙古自治区民族服饰工艺大师"荣誉称号	内蒙古自治区民族服饰协会	
2017 年 3 月	作品《唐卡》阿拉善左旗第八届民间手工艺术作品大赛中荣获一等奖	阿拉善左旗文化旅游局，阿拉善左旗文物管理局，阿拉善盟民间文化艺术家协会	
2017 年 3 月	被评为全盟"三八"红旗手	阿拉善盟妇女联合会	
2015 年 11 月	作品《成吉思汗》在获阿拉善第七届民间手工艺术作品大赛中荣获一等奖	阿拉善左旗文联，阿拉善左旗文化馆，阿拉善盟民间文化艺术家协会	

获得时间	奖项说明	颁奖单位	证书图片
2014 年 8 月	作品《五世达赖和固始汗堆绣唐卡》在阿拉善第六届"阿旺丹德尔"杯民间手工艺术作品大赛暨毗邻盟市民间手工艺术观摩交流大赛中荣获二等奖	阿拉善左旗人民政府，阿拉善盟伊克奈尔文化旅游文化有限公司，阿拉善左旗文联；阿拉善盟民间文化艺术家协会	荣誉证书

第二节　风俗趣事

马鬃绕线堆绣唐卡制作技艺在阿拉善地区经过三百多年的传承发展，积淀了厚重的文化底蕴。马鬃绕线堆绣唐卡起源于马背，在草原上传承发展，这项技艺不仅丰富了当地牧民的休闲生活，改善了草原人民的生活水平，还对外展示了阿拉善地区的独特文化魅力和风俗习惯。

一、蒙古马精神

马鬃绕线堆绣唐卡技艺最重要的元素就是来自于马背上的马鬃，马鬃取自于蒙古马。阿拉善蒙古族人为了感恩和报答马的恩情，因此用爱马的鬃毛来作唐卡的马鬃绕线。蒙古马具有超越动物本身的灵性，识人性、通人语，而且蒙古马非常忠诚，为了主人甘于奉献自己。在阿拉善的生产生活中，马也是家里的一分子，所有人尊重它、爱护它、保护它。马是阿拉善蒙古族人所信仰的文化图腾，它有独特的象征意义，也是蒙古族人的精神依靠。因此，"蒙古马精神"是蒙古族优秀的民族文化之一，不仅代表了蒙古族人民奔放热情的性格，还代表了对家人朋友忠诚友爱、勇于战胜一切艰难困苦的精神。图 3-16 所示为马鬃堆绣唐卡作品《蒙古马》。

图 3-16　马鬃堆绣唐卡作品《蒙古马》

二、巾帼巧手兴家园

曾几何时，格日勒所在的阿拉善地区　有一部分群众虽已脱贫，但生活还不富裕。虽然党和国家给予了当地人民贫困生活补贴，但她始终认为仅靠政府补贴不能从根本上解决当地群众的问题。因此她带领当地贫困人员通过制作蒙古族唐卡工艺品获得收入，改善生活。这样既保护和传承了非物质文化遗产，也在精准脱贫、促进贫困人员就业方面起到了积极的促进作用。格日勒把自己的想法付诸行动，她免费教授马鬃绕线堆绣唐卡制作技艺，对累计为近千名当地的贫困户进行培训（图 3-17、图 3-18），解决了她们生活困难的难题。除此之外，格日勒还帮助当地残障人士，在她的培训班里有一个女孩由于听力障碍，性格内向，且因残疾导致没有合适的工作，生活较为贫困。格日勒让她参加唐卡培训班，学习技艺以后，她成了马鬃绕线公司的一员，增加了与社会的接触，性格也变得开朗，靠自己劳动挣取工资，迎来了崭新的生活。

图 3-17　唐卡制作技艺培训班学员在学习制作唐卡

图 3-18　格日勒多次开展马鬃绕线堆绣唐卡制作技艺培训课

三、献礼建党 100 周年

　　格日勒是一名老党员，她一路见证了祖国的繁荣昌盛，非常热爱党和国家。格日勒说，今天美好的生活来之不易，小时候只有过年才能吃一顿饺子，现在想吃随时能吃，生活已经吃穿不愁。现在的美好生活，是在党的正确领导下，用无数先烈的生命换来的，所以我们必须坚定地拥护中国共产党的领导，永远跟党走，每个民族都不能做不利于团结的事，不能说不利于团结的话，我们所有民族是一个大家庭，要一起团结奋斗。在建党 100 周年之际，格日勒制作了一幅巨幅唐卡，献给党和国家。

　　这幅各族人民庆祝建党 100 周年的唐卡作品分为七个部分，容纳了 192 个人物的肖像，共计使用 13600 根马鬃。内容包含中共一大、遵义会议、开国大典、三千孤儿入内蒙古、改革开放、社会主义新时代和庆祝建党 100 周年。选取的这七部分内容都是在中国共产党成立 100 年间有重大意义的内容。100 周年之际，格日勒以实际行动向伟大的中国共产党献礼。

第三节　制作材料与工具

　　马鬃绕线堆绣唐卡所需的材料主要为马鬃、面料、针、线、胶水、熨斗、颜料、画笔、剪刀、镊子、锥子、钳子等。

一、马鬃

　　马鬃绕线堆绣唐卡作品中使用的马鬃绕线，其最重要的材料就是马鬃，取自蒙古马背上的鬃毛。之所以使用马鬃，是因为蒙古族是马背上的民族，马是蒙古族人民最忠实的朋友和生活中的伙伴。马鬃绕线中作芯的马鬃的根数为 3、6、9、13、16、19、21 等。这些数字在佛教里是代表吉祥的数字，蕴涵了吉祥如意的祈愿。

二、面料

　　马鬃绕线堆绣唐卡所用布料主要分为三种：

　　（1）棉麻布。纯棉线织成的布比较绵细、轻薄，适用于小件绣品。纹路比较粗的麻布则用于面积较大的绣品。

　　（2）绸缎（图 3-19）。马鬃绕线堆绣唐卡作品中制作图案主要使用绸缎，绸缎具有较好的光泽感，较为华贵。

　　（3）化纤布。这种布料颜色亮丽，虽不耐高温，但价格比较便宜，多用于底布，少量用于图案的制作。

图 3-19　绸缎

三、针、线

　　马鬃绕线堆绣唐卡制作过程中使用的线有真丝线、棉线、金银线。使用时根据不同的用途选择不同的线。如面部、手部和一些较为细节的部分采用丝线（图 3-20）绣制，真丝线较细，绣制出的纹样较为平整有光泽，但价格较高。用于缠绕马鬃的线及需大面积绣制的部分多用棉线（图 3-21），棉线更牢固、耐磨性好、价格低廉，是绣制作品性价比最高的线。金银线线质较粗较硬，但光泽较好，用于绣品上较为吸睛，多在点缀以及装饰时使用（图 3-22、图 3-23）。

　　马鬃绕线堆绣唐卡根据使用的线及用途不同所用针的大小不等，图案的细节部分选用较细的针，马鬃绕线较粗则需要使用大号的针（图 3-24）。

图 3-20　真丝线

图 3-21　棉线

图 3-22　金银线

图 3-23　金银线使用效果

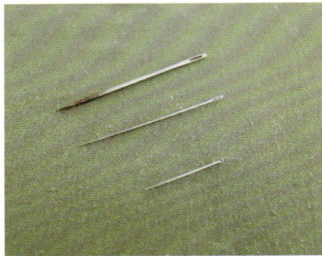

图 3-24　针

四、胶水、熨斗

唐卡制作过程中需要用胶水将布片拼贴在纸稿上，过去使用的是面糊制作的浆子，现在使用乳胶（图 3-25），乳胶黏性强，且粘贴后较为服帖。用胶刷将胶水涂抹在图稿上。

电熨斗（图 3-26）在唐卡制作中必不可缺，零散的拼贴片需要熨烫平整才便于后续拼接，这样制作完成的作品更加平整美观。

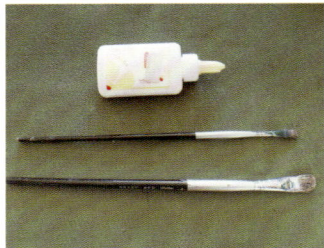

图 3-25　胶水及胶刷

图 3-26　电熨斗

五、颜料、画笔

所有的布片拼贴完毕后，需要用各色颜料描边填色。人物需要用画笔去勾画五官，再用染料去晕染过渡不同颜色布片，使唐卡作品更加栩栩如生，色彩过渡柔和，更有层次感。传统蒙古族唐卡的制作中更多使用的是矿物颜料，矿物颜料价格低廉，便于取得，但颜色较少，不够鲜艳。随着生活水平的提高，色彩丰富、颜色鲜明、色牢度高的化学颜料逐渐运用到唐卡的绘制中，极大地提升了唐卡作品的精致度颜料与画笔如图 3-27 所示。

图 3-27　颜料及画笔

六、剪刀、镊子

　　制作唐卡需要使用纱剪（图3-28），这种剪刀较为小巧且刀片较薄，不会在作品上留下线头，但只能用于剪较细的线。马鬃绕线较为粗硬，需使用较为坚硬的剪刀（图3-29）。由于有的布片较小，因此需要用镊子（图3-30、图3-31）将布片精准地贴在固定的位置。

图 3-28　纱剪

图 3-29　剪刀

图 3-30　镊子

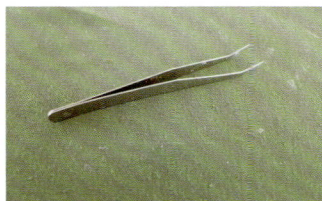

图 3-31　尖头镊子

七、锥子、钳子

　　在唐卡制作过程中，需要将马鬃绕线用针线固定在作品上，由于拼接的部分较厚，且马鬃绕线较粗，因此需要用锥子（图3-32）扎出洞，再用钳子（图3-33）夹住针将其穿到作品的背面，保证作品表面没有线头，这样制作而成的作品更加精美。

图 3-32　锥子

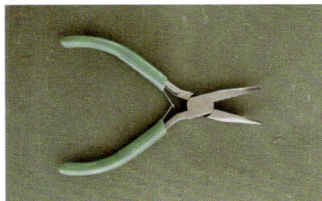

图 3-33　钳子

第四节　制作工艺与技法

　　通过对格日勒进行专访，并参观马鬃绕线蒙古唐卡非遗博物馆，了解了马鬃绕线堆绣唐卡的工艺流程。马鬃绕线堆绣唐卡的制作工艺较为复杂，其制作过程中以拼贴为主，绣制为辅。笔者将马鬃绕线堆绣唐卡的制作工序分为如图3-34所示的8步。

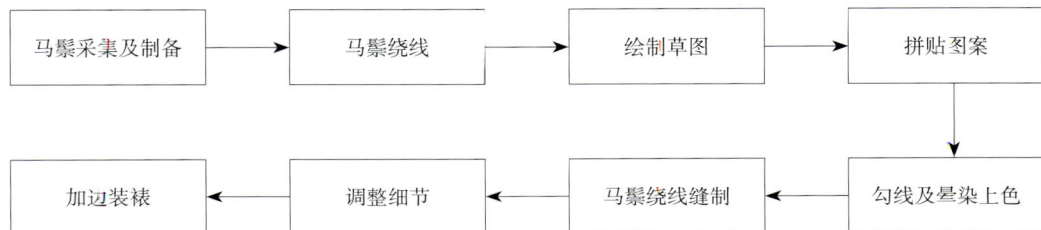

图 3-34　马鬃绕线堆绣唐卡制作工序

一、马鬃采集及制备

阿拉善马鬃绕线堆绣唐卡在制作马鬃绕线前，要先采集马鬃。在阿拉善地区采集马鬃并不是简单的剪下马鬃，而是需要举办神圣的祭拜仪式。在剪马鬃的前一天，格日勒会走到心爱的马身边，温柔的梳理马鬃并轻声哼唱着当地的民歌。格日勒介绍说："这是因为马是非常有灵性的动物，当它感知到你的关爱时，采集的马鬃的品质会更好。"次日清晨，在祭祀活动完成后，格日勒一定要细心地将马脖子上的鬃毛剪下放入盘子中，用水将马鬃反复地冲洗后，用柏叶三熏净化，并供奉在佛像前七天七夜以祈福，这样采集及制备的马鬃方可用来制作马鬃绕线。

二、马鬃绕线

马鬃绕线是指将马鬃作为芯用彩色丝线缠绕制成的线（图3-35、图3-36）。马鬃绕线没有机器辅助，必须手工制作。因为丝线很细，要紧密地缠绕在马鬃外面，一不能露出马鬃，二不能使缠绕后的马鬃松散。因此这一工序需要耗费大量的时间，一个熟练的制作者一天也只能绕出1米左右的马鬃绕线。

图3-35　红色马鬃绕线　　　　图3-36　绿色马鬃绕线

三、绘制草图

用铅笔把将要制作的图案绘制在纸板上，该图稿用于后续剪裁面料，并将面料粘贴于纸板上，制作成布片，因此绘制草图的纸张要有一定厚度。

四、拼贴图案

按照草图上的纹样剪裁（图3-37），将布片按照草图的颜色及形状裁剪，此处应注意裁剪的布片要比纸板多出0.5cm的边，并将其与纸板黏合到一起，同时把多余的边粘贴在纸板的背面（图3-38），使布片平整无毛边，最后使用电熨斗高温定形布片（图3-39）。

制作好局部图案的布片后，需要将零散的布片进行拼接制成完整的作品。在底布上布局定位图案，然后将制备好的布片依次摆放后进行缝制（图3-40、图3-41）。缝制时注意针脚要细密整齐，每一个布片都固定在底布上，确保作品的牢固性，且作品正面不能漏出针脚。

图 3-37　裁剪后的图稿

图 3-38　粘贴好的布片背面

图 3-39　熨斗定形布片

图 3-40　缝制好的布片正面

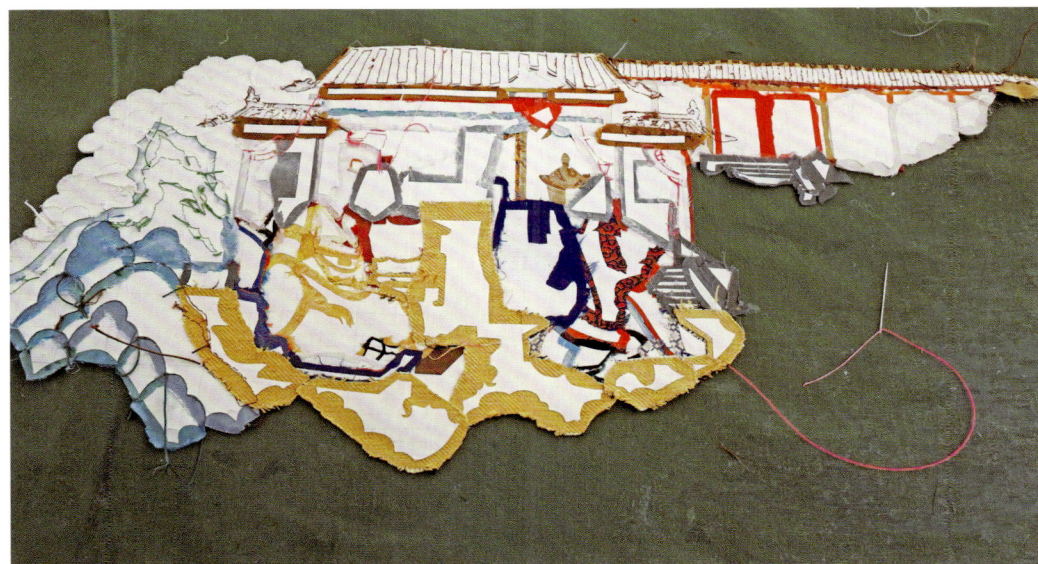

图 3-41　缝制好的布片背面

五、勾线及晕染上色

唐卡制作过程中，有许多人物形象、人物的五官无法用布片拼接，则需要用画笔勾画出，使人物形象更加传神。除此之外，不同颜色的布片间用颜料晕染上色，使布片之间衔接更流畅，整体颜色不生硬，更协调。因此，采用平涂与分层次渲染相结合的方式给布片上色（图3-42、图3-43）。

图 3-42　勾线及晕染上色前

图 3-43　勾线及晕染上色后

六、马鬃绕线缝制

将马鬃绕线缝制在丝面图画的边缘，不仅唐卡作品更具有立体感，画面栩栩如生，而且使马鬃绕线堆绣唐卡形状稳固，不易走样变形，且耐存储，不易受害虫侵蚀。将马鬃绕线摆在需要缝制的地方，用同颜色的细丝线将马鬃绕线与布片固定在一起（图3-44、图3-45），缝制过程要注意针脚细密，表面不能看出缝制的痕迹。

图 3-44　马鬃绕线缝制正面

图 3-45　马鬃绕线缝制背面

七、细节调整

所有布片拼接缝制之后，要对整体进行细节调整，熨烫整齐，可进一步缝制点缀的宝石，使得唐卡作品更加精美华贵（图3-46）。

图 3-46　马鬃绕线堆绣唐卡上缝制宝石

八、加边装裱

　　将制作完成的唐卡进行装裱，一幅马鬃绕线堆绣唐卡作品才算真正完成。装裱时，首先将作品固定在锦缎拼接而成的边框上，挂在由挂绳、天杆、隔水、画心、褐边、黄虹、轴头等组成的卷轴上，并在正上方悬挂黄色的遮帘。马鬃绕线堆绣唐卡的边框装饰极大地增加了其艺术效果（图3-47）。

图 3-47　加边装裱后的马鬃绕线堆绣唐卡作品

第五节　工艺特征与内容题材

　　阿拉善马鬃绕线堆绣唐卡受内蒙古高原地域条件、民族历史文化及风俗习惯等因素影响而呈现本土化特色，其中包括本土传统文化元素的融入、马鬃绕线制作过程中的特色习俗以及多元性与多样化的题材内容。

一、工艺特征

（一）制作技艺

　　蒙古族唐卡虽起源于藏族唐卡，但制作技艺上却有很大区别。蒙古族唐卡采用堆贴绣与马鬃绕线刺绣相结合的手法，马鬃绕线刺绣勾边工艺是蒙古族唐卡独有的制作技艺，这种技艺承载了鲜明的蒙古族特点，是唐卡与蒙古族文化相结合产生的珍稀的文化遗产。

（二）色彩搭配

马鬃绕线堆绣唐卡在色彩运用上受到了蒙古族的历史文化、风俗习惯等影响，形成自身独有的风格。蒙古族崇尚蓝色、白色、绿色。蓝色、白色代表蓝天白云，绿色则是草原的颜色，对于世代成长于草原的蒙古族而言意义深远，同时绿色也代表着青春、活力。在阿拉善地区蒙古族人民视白色为高尚、纯洁、吉祥的象征。蒙古族以"苍天"为永恒神，故谓"长生天"。蓝色象征长生天的颜色，同时也是忠诚、坚贞、昌盛的象征。蒙古族唐卡的作品配色丰富，颜色浓烈大胆，较多使用对比强烈的颜色相互搭配，极富艺术性。图 3-48 所示为马鬃绕线堆绣唐卡作品。

图 3-48　马鬃绕线堆绣唐卡作品

二、内容题材

随着社会的发展，马鬃绕线堆绣唐卡作品内容越来越丰富，有佛教神像、蒙古族历史名人、阿拉善历史故事、名人传记，以及歌颂党和人民群众的红色主题创意唐卡。

（一）佛教神像

马鬃绕线堆绣唐卡是藏传佛教到内蒙古衍生而来的技艺，因此蒙古族唐卡作品中最常见的就是佛教神像。释迦牟尼是佛教的创立者，在佛教中的地位极高。如图 3-49 所示的唐卡作品，正中央为释迦牟尼，正上方是宗喀巴，十八罗汉环绕四周，其下随侍两侧从左至右为其两大弟子，最下方则是四大天王。

图 3-49　释迦牟尼与十八罗汉唐卡

（二）阿拉善地区历史人物

除了传统的佛教题材外，结合本地区民族思想及社会价值观创作了包含蒙古族民俗人物、历史人物以及阿拉善本土的神话题材的唐卡作品，如阿拉善地区的名人画像（图3-50、图3-51）、历代亲王画像（图3-52、图3-53），展现了阿拉善地区蒙古族的日常生活，极具民族文化特色。

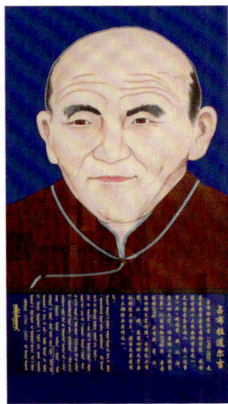

图 3-50　忽公泰　　　　图 3-51　占布拉道尔吉　　　图 3-52　阿拉善多　　　　图 3-53　阿拉善多
　　　　　　　　　　　　　　　　　　　　　　　　　　　罗贝勒一代和罗理　　　　　罗贝勒二代阿宝

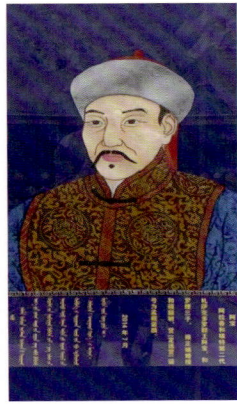

第六节　作品赏析

一、佛教神像

千手观音又称千手千眼观世音、千眼千臂观世音等，是中国佛教中的四大菩萨（文殊菩萨、观音菩萨、普贤菩萨、地藏菩萨）之一。图3-54所示的这幅《千手观音菩萨》唐卡作品为11面千手观音，共11张面孔，分5层排列。具有保佑供奉的人平安吉祥的寓意。

图3-55所示的《三十五佛》唐卡作品展示的是35个佛成佛前向菩萨忏悔发愿的场景，寓意对于自己的恶习，要有追悔心，努力清除身上不好的习惯。

金刚手菩萨在佛教里代表无限力。如图3-56所示的唐卡作品《金刚手菩萨》，一面三臂三目，身黑蓝色，三红目圆睁，右手持金刚杵，左手愤怒拳印，持金刚钩绳当胸。作品的上方是三世佛，下方是四臂观音、文殊菩萨。传闻中成吉思汗就是金刚手化身。

图3-57所示为唐卡作品《狮吼观音》。狮吼观音为佛教中观音菩萨的化身之一，可以降伏一切病苦。他一面二臂，身为白色，具有三眼；坐在一头白色黄髯毛狮子之上，狮头微向上回转侧看；他的右手自然下垂，搭于右膝；右边身后有一根竖立的三叉杖，其上有一白蛇缠绕，寓意可以治愈、清除一切病痛。

图 3-54　《千手观音菩萨》唐卡

图 3-55　《三十五佛》唐卡

图 3-56　《金刚手菩萨》唐卡

图 3-57　《狮吼观音》唐卡

财神是财富的守护者，是掌管财宝富贵的善神。如图 3-58 所示的唐卡作品《财神》，财神有黄财神、白财神、红财神、绿财神、黑财神，均有健康长寿、富饶平安的寓意。

藏秘护法神吉祥天母的形象为凶神相，即愤怒威猛相。唐卡作品《吉祥天女》如图 3-59 所示，其身体为蓝色，头戴五骷髅冠，橘红色头发竖立，表示愤怒。吉祥天母是主生死、疾病和善恶之神。

图 3-58　《财神》唐卡

图 3-59　《吉祥天女》唐卡

二、蒙古族传奇人物

作品《成吉思汗》（图 3-60）是蒙古族历史题材唐卡。孛儿只斤·铁木真（1162.5.31 ~ 1227.8.25），蒙古帝国可汗，尊号"成吉思汗"，意为"拥有海洋四方的大酋长"。他是世界史上杰出的政治家、军事家。图上成吉思汗上方是宝盖，被视作权势、地位的象征，成吉思汗两旁用蒙文写着：身体英雄是一代英雄，智慧英雄是万代英雄。

图 3-61 所示的蒙古族历史题材唐卡作品的上中央是成吉思汗，成吉

图 3-60　《成吉思汗》唐卡

思汗左右两旁是苏鲁锭战旗及八吉祥，下方是自元朝建立以来的蒙古族36位可汗，36位可汗身穿蒙古族服饰，头戴各式冠帽。

图 3-61　蒙古族历史题材唐卡

三、阿拉善地区历史故事

图 3-62 所示为《固始汗与第五世达赖喇嘛》唐卡，该幅作品中央端坐的是卫拉特著名首领固始汗与五世达赖喇嘛阿旺罗桑嘉措，二人盘膝对坐。固始汗高鼻大眼，八字眉，连鬓长须，头戴栖鹰冠，身穿右衽蒙古袍，左手捧哈达法轮，右手抬起作讲述状，表情甚为生动。五世达赖喇嘛身披袈裟，左手持念珠，右手垂置膝上，神态安详，似作聆听状。唐卡上部是度母三尊，唐卡左边的人物有固始汗的三位夫人及其十个儿子等有关人物。唐卡右边和下面部分是众僧信徒，共44人，还有大象、马、各种鸟类等动物将近40个。此外，画面中还有神树、八吉祥等吉祥纹样。

唐卡作品《文化巨匠——阿旺丹德尔传记》总长为 25.03 米，属于长卷故事唐卡，主要记录着阿旺丹德尔的一生以及在阿拉善弘扬佛法的事迹。阿旺丹德尔是阿拉善和硕特旗人，著名的佛学大师，精通蒙文、藏文及梵文等的语法家，是阿拉善建旗 300 多年来最有影响力的历史文化名人。该唐卡的第一部分是以阿旺丹德尔像为主，其面相慈善，仪态端庄，身穿褐色蒙古袍，双手将经书捧于膝上，坐于莲花月轮中央。其他部分由 25 个故事内容组成，画面中有形态万千的人物及动物，颜色搭配生

图 3-62　《固始汗与第五世达赖喇嘛》唐卡

动，画面再现了阿旺丹德尔一生探究佛学、不断积累丰富佛学知识的故事。作品巧妙运用了黄、绿、蓝等颜色，整个画面和谐有序，人物分布错落有致，尤其每个人物的表情、冠帽、服饰和手持器物以及坐姿等细节之处均惟妙惟肖，如图 3-63 所示。

图 3-63　《文化巨匠——阿旺丹德尔传记》唐卡（部分）

四、红色主题

　　传承人制作的唐卡作品《民族大团结》中刻画了56个民族，每个民族有2人（1男1女），共记112个人载歌载舞的欢乐场面，象征着56个民族大团结，共享幸福生活。

　　在全国人民抗击新冠肺炎疫情的背景下，传承人制作了唐卡作品《众志成城抗击疫情》，作品刻画了各族人民戴着口罩工作、学习、锻炼的生活场景，寓意在新冠肺炎疫情防控下，必须要带好口罩，阻断新冠肺炎疫情传播。寓意在党的有效管理措施下，新冠肺炎疫情中的群众生活没有受到影响，仍然可以有序地工作学习。中间是在抗击新冠肺炎疫情一线的工作人员，是他们保障了人民的日常生活不受影响。下方是一线的医护人员，他们手拿灭火器熄灭火苗，火苗代表新冠病毒，寓意在医护人员的努力下，新冠病毒最终会被消灭。

五、神话故事人物

　　关公是《三国演义》中的著名将领，位列蜀汉"五虎上将"之首，逝世于公元220年。由于他忠义和勇武的形象，备受推崇，许多人把关公作为全能保护神供奉。图3-64所示《武财神关公》唐卡作品的中央是关公，四面环绕着东青龙、南朱雀、西白虎、北玄武，吉祥八宝（吉祥八清静），梅兰竹菊四君子等纹样。

　　图3-65所示为唐卡作品《七仙女》。七仙女是中国神话中七位女神的总称。该作品中央展现的是七位仙女的优美舞姿。

图3-64　《武财神关公》唐卡

图 3-65　《七仙女》唐卡

六、十大名花

中国的十大名花分别是：花中之魁——梅花、花中之王——牡丹、凌霜绽妍——菊花、君子之花——兰花、水中芙蓉——荷花、花中皇后——月季、繁花似锦——杜鹃花、花中娇客——茶花、十里飘香——桂花、凌波仙子——水仙。这些花不仅美观，还蕴涵了美好的寓意。例如，牡丹是花中之王，寓意繁荣昌盛、富贵平安；古有诗句"出淤泥而不染"，描写的是荷花，其寓意纯洁、清正的品质。图 3-66 ~ 图 3-68 所示为以十大名花中的三种为题材创作的唐卡作品。

图 3-66　牡丹　　　　图 3-67　荷花　　　　图 3-68　月季

第七节　传承人专访

　　格日勒，1944 出生，中共党员，自幼学习马鬃绕线堆绣唐卡技艺，技艺精湛。自 2015 年起至今，每年免费开展马鬃绕线堆绣唐卡制作技艺培训课程，累计教授 500 多名阿拉善地区贫困及残障人士，积极推动了阿拉善地区脱贫事业。笔者对格日勒进行了专访。

一、请问您是怎么接触到马鬃绕线堆绣唐卡这项技艺的？

　　格日勒：马鬃绕线堆绣唐卡是阿拉善地区独有的技艺，在 300 多年前一位西藏的喇嘛来到阿拉善地区传教，并建造了一个寺庙，里面就用到了唐卡技艺，当时只有这个喇嘛会这项技艺。我的爷爷曾在这个寺庙里当喇嘛，因此学会了这项技艺，并传授给了我母亲，我则是自幼和母亲学习的这项技艺。

二、您是出于什么样的想法投入马鬃绕线堆绣唐卡这项非遗技艺的传承事业中的？

　　格日勒：因为会这项技艺的人极少，且大多会做的人都不再继续做了。现在如果我不去传授这项技艺的话，这项珍贵的文化遗产就失传了。这项技艺凝结了无数先人的智慧，蕴涵着我们阿拉善地区人民对生活的热爱。我今年快 80 岁了，也不知道今后还能做几年，但是只要我还能动，我一定要把这项优秀的传统文化发扬光大。

三、在马鬃绕线堆绣唐卡技艺的传承事业中您都做了哪些工作？

　　格日勒：我创办了阿拉善左旗金钢马鬃绕线丝绣有限公司，组建了马鬃绕线蒙古唐卡非遗博物馆，搭建了马鬃绕线堆绣唐卡培训基地。招收学徒，免费开办马鬃绕线堆绣唐卡培训班，不仅为当地人民提供了就业机会，也为贫困家庭提供了一项可以增加收入的手艺。我们公司自愿帮扶了 17 名特困户及残疾人，每人每个月发放生活补贴。2018 年我又发起了"非遗进校园"活动，每周到当地的蒙古族小学传授马鬃绕线堆绣唐卡制作技艺，让更多的孩子了解民族传统文化的魅力。

四、您是如何将非遗传承与扶贫工作结合到一起的？

　　格日勒：我是一名共产党员，有责任带领身边的群众过上好的生活。我认为仅靠

提供补贴，是不能使群众摆脱贫困的，要想摆脱贫困就需要掌握一门可以谋生的技艺。我制作唐卡获得了一些收入，就想带领着乡亲们一起谋生，这样不仅可以更好地传承马鬃绕线技艺，也可以为我们家乡脱贫工作做出贡献。对于有些居住较为偏远的、不方便出行的群众，我们就上门培训，使她们学会后足不出户就可以制作唐卡作品并获得报酬贴补生活。

五、请问您为什么选择马鬃来绕线？

格日勒：蒙古族人是在马背上长大的，因此，蒙古族人认为马是对人类有贡献的动物。蒙古族信奉天地万物都有生命，所以我们把马当作家庭成员一样去爱护它、尊重它、保护它、呵护它，我们蒙古族观念就是这样，因此我们选用马鬃。

六、马鬃绕线堆绣唐卡的特色是什么？与藏族唐卡区别是什么？

格日勒：马鬃绕线堆绣唐卡虽然发源于藏族唐卡，但经过几百年的传承发展，已经形成了独有的特色，创造了独特的技艺，那就是马鬃绕线技艺，我们将马鬃绕线刺绣和贴绣相结合制作唐卡，藏族唐卡是没有马鬃绕线的，这是阿拉善地区独有的技艺。

七、请问您在传承发展这项技艺的过程中做出了哪些创新？

格日勒：传统的马鬃绕线唐卡只是做佛像，现在我们创新制作了宣扬红色文化的唐卡，如建党 100 周年的巨幅唐卡；还有名人传记形式的巨幅唐卡，例如 25 米长的阿旺丹德尔唐卡，以及正在制作中的长达 60 米的仓央嘉措传记唐卡，用唐卡去展现这些历史名人一生的经历。此外，我们也和工业园区合作制作旅游文化产品。

八、请问政府对马鬃绕线堆绣唐卡技艺传承保护方面的工作，您感受最深的是什么？

格日勒：当地政府对于这项技艺的传承保护上是大力支持的。政府给予了我们一定的补贴，并且我们现在公司、博物馆、培训基地、工作室能有这么宽敞优越的条件，都是政府提供了大力支持。在组织管理方面，当地有组织开办培训课程，并组织各界人士参观我们的博物馆，组织我们参与各项展览，积极地宣传这项技艺等。

九、您觉得马鬃绕线堆绣唐卡传承发展的困境有哪些？对于这项技艺的未来发展有何愿景？

格日勒：传统的东西特别好，但是价格也贵，而且年轻人不是特别喜欢，现在市场还是年轻人消费较多。因此，我们必须适应大环境，要顺应时代的发展，虽然咱们这东西是传统的，但是它也要适当地和时代发展相结合。目前我们缺乏人才，特别是能做出可以将传统与现代相结合、有创新性的产品设计的人才。这也是未来我们期盼的，希望可以吸纳更多人才，设计出更好的产品，将马鬃绕线堆绣唐卡技艺传承下去。

第八节　传承现状与对策

一、传承现状

马鬃绕线堆绣唐卡制作技艺蕴含了优秀的民族传统文化，是多民族文化融合的产物，其展现了鲜明的民族个性，对阿拉善蒙古族文化的传播有着重大意义，同时也是我国宝贵的精神财富。但由于马鬃绕线堆绣唐卡工艺复杂，相关技艺人才培养周期较长，且唐卡作品工期长、成本高，使马鬃绕线堆绣唐卡的传承和保护面临着一些困境。笔者总结了以下三个急需解决的问题。

（一）技艺传承缺乏高水平人才

马鬃绕线堆绣唐卡传承方式适应社会的发展，由寺庙传承逐渐演变为家庭传承，发展到现在则主要以社会传承为主流传承方式。然而现存的马鬃绕线堆绣唐卡技艺传承人多为阿拉善地区的刚刚脱贫或残疾的牧民，他们大多受教育水平较低，虽然能够学习制作唐卡，但缺乏创新能力、产品设计能力，这严重阻碍了技艺的传承发展。随着时代高速发展，马鬃绕线堆绣唐卡这项传统技艺传承发展需要与现代化的营销手段、创新性的产品设计相结合，这就需要掌握专业知识的人才加入传承发展的事业中。

（二）产品设计欠缺创新性

马鬃绕线堆绣唐卡的主要题材为佛像、佛教故事、蒙古族日常生活等。格日勒创新性地设计了红色主题、人物传记等巨幅唐卡作品，以及包、挂件等手工艺品。但随着潮流发展，年轻人逐渐占领了消费市场，传统马鬃绕线堆绣唐卡作品及其手工艺品不受年轻人的欢迎。因此，马鬃绕线堆绣唐卡需要迎合市场需求，将传统技艺与当代审美结合起来进行产品设计。

（三）产品销售渠道陈旧单一

马鬃绕线堆绣唐卡产品的销售渠道主要为线下售卖、展销售卖、订制售卖等售卖形式。这样的线下销售方式过于陈旧，且客户流量较小。在2020年新冠肺炎疫情的影响下，在网络销售的冲击下，唐卡产品固有的销售模式受到了极大的冲击。在新形势下，需要扩展马鬃绕线堆绣唐卡产品的销售渠道。

二、传承对策

阿拉善马鬃绕线堆绣唐卡是我国少数民族民间艺术的重要组成部分，其健康地传承发展，对我国珍稀文化遗产的传承与弘扬具有重大意义。在构建文化强国的号召下，新时代发展的背景下，阿拉善马鬃绕线堆绣唐卡制作技艺保护与传承需要科学有效的对策，笔者主要从以下三个方面提出对策建议。

（一）技艺传承专业化、学术化

阿拉善马鬃绕线堆绣唐卡作为非物质文化遗产项目，不单是一门技艺，更是少数民族文化瑰宝的传承。为更好地传承这项技艺，需要专业化、普及化的技艺传承模式。首先，在高等学校、职业学校开设唐卡艺术专业，把唐卡制作技艺的理论与实践融入教学中。与艺术专业、管理专业、营销专业等合作培养相关管理人才，培养全方位发展的高素质传承人。其次，提升阿拉善马鬃绕线堆绣唐卡科研水平，增加其学术性，要坚定文化自信，深度挖掘蒙古族唐卡的宗教、历史、艺术、人文等蕴含的文化价值，用传承发展中国的民族文化，进一步带动唐卡技艺的传承发展。

（二）产品设计新颖化、多样化

马鬃绕线堆绣唐卡技艺在创新发展中，需要将蒙古族民俗与现代生活更协调地融合在一起。需要马鬃绕线工艺产品的内容题材多样化，产品种类多样化。既要保留其特色，又要兼具观赏性、文化内涵，更重要的是，要与潮流发展相结合，以迎合消费者的喜爱。具体而言，首先，强强联合，打造"非遗 + 文创 +"等多种模式的跨界合作，制作马鬃绕线堆绣唐卡文创、旅游周边产品。订制专属 IP 形象，突出蒙古族唐卡特色，给消费者留下深刻印象，根据 IP 形象系列化生产衍生产品，可参考故宫文创产品的设计方式。其次，与高校合作，开展蒙古族唐卡非遗产品创新设计比赛，选用优秀的产品设计进行生产制作，将传统手工艺产品创新设计与现代教育相结合。一方面，高校学生更了解当下的潮流趋势及消费者的审美趋向；另一方面，高校学生的创新能力更强，可弥补马鬃绕线堆绣唐卡传统技艺产品设计创新力不足的缺陷。最后，可研发生产马鬃绕线堆绣唐卡制作半成品的材料包及制作说明，消费者购买后可根据说明自行制作马鬃绕线堆绣唐卡，让消费者亲自参与到技艺的学习与制作过程，增加其对马鬃绕线堆绣唐卡技艺的兴趣。

（三）销售渠道多元化、现代化

近年来，互联网购物发展迅速，当代人生活节奏快，工作压力大，线上购物的方式更节省时间，足不出户即可买到世界各地的商品，送货上门，方便快捷。新冠肺炎疫情期间，居民出行受限，网络直播购物这一形式快速发展。可推出网络直播推非遗这一创新性的活动，在直播间讲解马鬃绕线堆绣唐卡技艺的文化背景，介绍制作技艺，展示精美的产品，不仅可以销售产品，还可以让更多人了解到蒙古族的特色文化，展示阿拉善地区的风土人情。另外，可搭建互联网交流平台，如研发手机 App。一方面，利用科学手段，在 App 中融入三维立体的视觉效果，客户可以通过网络沉浸式地体验马鬃绕线堆绣唐卡产品的制作过程，也可以聚集更多传统手工艺爱好者相互交流。另一方面，设定蒙古族唐卡产品线上定制专区，可以让消费者根据自己的需求，进行私人定制，制作独一无二的产品，增加消费者参与设计、制作流程等多环节的体验，刺激消费者的购物兴趣。

第四章

阿拉善地毯织造技艺

内蒙古自治区的阿拉善地毯织造技艺继承了阿拉伯地毯和京式宫廷地毯织造的传统，以精细独特的做工、淳朴美观的图案和防潮耐磨的性能著称于世，体现了内蒙古西部的地域生态文化和审美情趣，在织毯行业内独树一帜。2008年6月，"阿拉善地毯织造技艺"被中华人民共和国文化部正式列入第二批国家级非物质文化遗产代表性项目名录，名录类别为传统技艺（表4-1）。2008年6月，传承人刘赋国被认定为国家级非物质文化遗产项目阿拉善地毯织造技艺的代表性传承人（图4-1）。2008年11月，内蒙古自治区文化厅将刘赋国认定为内蒙古自治区第一批非物质文化遗产代表性传承人（图4-2）。2011年6月，阿拉善盟文化广播电视局和阿拉善盟群众艺术馆授予刘赋国阿拉善盟第一批非物质文化遗产代表性传承人的称号（图4-3）。

表4-1　阿拉善地毯织造技艺

名录名称	地毯织造技艺（阿拉善地毯织造技艺）
名录类别	传统技艺
名录级别	国家级
申报单位或地区	内蒙古自治区阿拉善左旗
传承代表人	刘赋国

图4-1　国家级非物质文化遗产
代表性传承人奖章

图4-2　内蒙古自治区级非物质文化遗产
代表性传承人证书

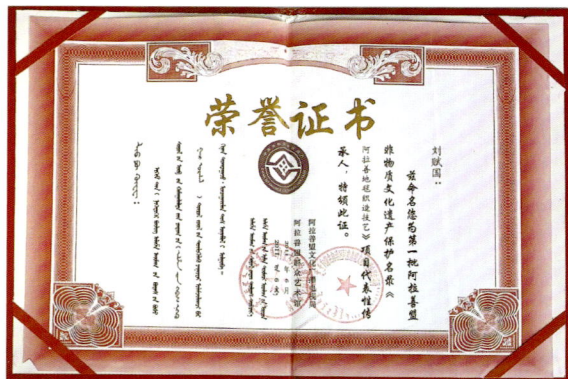

图4-3　阿拉善盟级非物质文化遗产代表性传承人证书

第一节　起源与发展

一、阿拉善地毯织造技艺的起源

　　追溯历史，在人类生产生活不断进步的过程中，种植业与畜牧业逐渐分工明确，地处内蒙古高原的人们因为生活需要，将饲养的牲畜毛积攒起来，并将其捻撮成线编织在经纬上，增加纺织物的厚度来抵御寒冷。这种编织物在《元史·世祖皇后察必列传》中正式有了"地毯"这一名称。也是由于蒙古族素有使用地毯的习惯，所以在元代，地毯织造无论从规模、工艺、种类上都达到了历史巅峰，并设有专门的机构。明朝统治时期，织毯工艺不仅更精美细致，织毯的内容也更加丰富和多元化，当时明孝宗朱佑樘要改造龙毯，织毯的原料来自山西、陕西的羊毛、河南的棉纱和苏州的工匠，这使得地毯在风格和花饰上融入了中原风格。清代，各民族文化相互交融，也促使了地毯工艺在图案、纹样上的交叉融合。

　　阿拉善地毯织造技艺大约兴起于清代乾隆初年，至今有270多年的历史。据说当年维吾尔族织毯工匠马托在西域学成织毯技艺后，在随后的和硕特蒙古族部落西迁过程中，将西域的织毯技艺带到了阿拉善的定远营城。此后，又有更多以"马托"为代表的地毯艺人们从新疆、青海、宁夏等地来到定远营城。定远营城作为当时阿拉善的政治、经济、文化中心，集聚着大量的商人、手工业者在此谋生，织毯技艺传入后，当地就逐渐建起了许多小型地毯作坊。后来清朝公主下嫁阿拉善亲王，陪嫁的工匠们又将京式地毯的制作工艺带到阿拉善，于是京式地毯与阿拉伯式地毯制作技艺逐渐融合，形成了今天阿拉善地毯的独特风格。

二、阿拉善地毯织造技艺的发展

　　新中国成立后，老工匠们进入国营地毯厂，有了固定的收入，带起了学徒，开展规模化的生产，使阿拉善地毯织造技艺这一传统手工艺焕发了新的生命力。成立于1956年的内蒙古阿拉善地毯毛纺有限公司，最辉煌时期有职工1600余人，年生产仿古地毯1.5万平方米，其产品远销海内外几十个国家和地区，每年为国家创造1600万元的产值，提升了阿拉善地区在国际上的声誉，并且不断为我国的文化艺术宝库增添新的血液。

　　阿拉善地毯织造技艺的国家级传承人刘赋国（图4-4）亲历了阿拉善地毯的兴盛和繁荣。1958年进厂时，他还是一名15岁的学徒工，面对着高大的织毯机和五颜六色的羊毛线，他开始了自己跨越半个世纪的"毯匠"生涯

081

（图4-5、图4-6）。

刘赋国师从阿拉善地毯老艺人刘鹏程。刘鹏程是陕西榆林人，他技术全面，是业内知名的老艺人，在西北各省区皆有弟子。进厂后，他从选毛、倒线、染线做起，跟着师傅一步一步学，最终熟练掌握了阿拉善地毯织作的全部技艺。当时地毯厂规定，新人进厂后跟着师傅通过"一带一"的方式学习3个月，然后独立织毯满1年后转正，再满3年后定级。从1958年进厂到1998年退休的40年间，刘赋国做了17年织毯工人，

图4-4 刘赋国

图4-5 刘赋国（前排左1）早年在地毯厂工作时的留影

图4-6 刘赋国在第二届中国非物质文化遗产博览会上展示阿拉善地毯织造技艺

干了3年技术指导，当了20年车间主任。

然而，随着社会的发展与变迁，曾经辉煌一时的阿拉善国营地毯厂在2004年倒闭停产了。阿拉善地毯厂的工人们有的成立家庭作坊，凭借自己的织毯技艺养家糊口，有的则转而从事其他工作，真正掌握手工地毯织造技艺的人屈指可数。为了能使这门手艺传承下去，刘赋国带领一些徒弟以小作坊的形式继续织作地毯，从图纸的绘制开始，每一个制作程序都严格按照规范工艺进行。到目前为止，刘赋国从业50多年，已经带出弟子30余人。他的徒弟段丽珍（图4-7）离开地毯厂后自己开起了织造厂，先后有近40名下岗人员在她创办的织造厂内生产地毯。

图4-7 段丽珍在织毯机前测量经线的长度

如今，段丽珍的织造厂已成为阿拉善地毯织作行业中规模较大、知名度较高的一家。2014年，段丽珍被内蒙古自治区文化厅认定为自治区级非物质文化遗产项目传承人。表4-2所示为刘赋国所获各项荣誉。

表 4-2　传承人刘赋国所获荣誉

获得时间	奖项说明	颁奖单位	证书图片
1990 年 3 月	从事工艺美术行业三十年	中华人民共和国轻工业部	
1990 年 7 月	在一九九〇年被评为优秀共产党员	阿左旗地毯毛纺厂党支部	
2012 年 9 月	第二届中国非物质文化遗产博览会传承人展示奖	第二届中国非物质文化遗产博览会	
2014 年 1 月	被聘请为阿拉善盟民间文艺家协会名誉主席	阿拉善盟文学艺术界联合会，阿拉善盟民间文艺家协会	
2015 年 10 月	在第二届内蒙古自治区工艺美术品"飞马奖"评选中，作品《九龙闹海》获铜奖	内蒙古自治区经济和信息化委员会，内蒙古工艺美术协会	
2015 年 10 月	被授予"第三届内蒙古自治区工艺美术大师"称号	内蒙古自治区经济和信息化委员会，内蒙古工艺美术协会	

注　刘赋国曾用名"刘富国"。

第二节　风俗趣事

一、从古毯到仿古毯

20 世纪五六十年代，外国人盛行购买中国的古毯，认为能在家中铺设一块中国古毯能彰显身份和品位。于是就逐渐有商贩收购具有历史价值的旧地毯，经过修复和清理后出口销售，销售价格非常可观。特别是在当时一年两次的广州春秋季交易会（简称"广交会"）上，各种花色、尺寸的古毯都很快会被抢购一空。据说当时在广交会上抢购古毯的外国人甚至把高跟鞋都挤掉了，古毯在当时受欢迎的程度可见一斑。

然而，随着古毯的价格越来越高，加上真正的古毯数量有限，于是在 1970 年左右，仿古地毯开始出现。当时有一个外贸员拿着一块红色的地毯四处询问是什么地方制作的，在全国各地到处寻找，最后确定是阿拉善织造的地毯。于是阿拉善地毯厂就又照原样做了几块，结果外贸员拿去一看很高兴，很快在阿拉善地毯厂定做了很多货。消息传开后，全国各地方的毯匠们纷纷来到阿拉善地毯厂学习仿古地毯织作技艺。阿拉善的仿古地毯产量也逐步扩大，进一步销售到香港、意大利、瑞士等地，一时间供不应求。

二、一名"毯匠"的养成

阿拉善地毯织造技艺的国家级传承人刘赋国，从小因为家里生活困难，想学一门手艺养家糊口，于是在 1958 年进入了阿拉善地毯厂。进厂后，他就跟着主任打杂，没过多长时间厂里又招了几十个男女学徒工。新招的学徒当天都分了师傅，先来的刘赋国却还没被分配师傅。他心里想不通，就去问主任，为什么迟来的学徒都分了师傅，却没有给自己分师傅？主任说没有技术高的师傅了，等有了师傅再给他分配。他只好继续作纺线、染线的活儿。过了几十天，老艺人刘鹏程加入地毯厂的工作中。刘赋国听其他师傅说，刘鹏程技术高，又会画图，是厂里技术最好、最全面的师傅。他听了心里非常高兴，下定决心要跟着师傅刘鹏程好好学习织毯技术。

因为地毯织造工作枯燥，常常要一天八九小时坐在毯机前，不见太阳，精神面貌往往不是很好，当地的人们也把他们称作"乏毯匠"。刘赋国当时只是一个 15 岁的男孩，却能够坐得住、吃得了苦，专心和师傅学习技术。等到学徒期满转正定级时，几十个学徒当中，只有包括刘赋国在内的三个人被定为二级工。由此，刘赋国对织毯工作更加兢兢业业，不但熟练掌握地毯织造的全部流程，还积极钻研学习文化知识，从一个没文化的"毛头小子"，成长为一名技术过硬的"毯匠"。

第三节　制作材料与工具

一、制作材料

阿拉善地毯织造技艺是我国富有民族特色的手工技艺，它将羊毛线盘绕起来打成结扣，栽在由经纬棉线交织而成的地毯底基上，形成高出的绒面。阿拉善地毯织造所需的材料主要是棉线和土种羊毛线。

（一）棉线

阿拉善地毯用棉线作经线和纬线。棉线比毛线强度高，用作地毯底基能承受较大的拉力，使得织出的地毯更加结实耐用。

（二）土种羊毛线

阿拉善地毯采用的是阿拉善土种羊毛线（图4-8）。阿拉善地处内蒙古西部，干燥少雨，贺兰山沿线的土种羊毛弹性强、拉力好、柔软洁白、染色牢固，是理想的地毯用毛。

图4-8　各种颜色的土种羊毛线

阿拉善土种羊毛由于产毛季节不同，分为春毛和秋毛。春毛是春分前后剪下的羊毛，纤维细长、手感柔软、含绒毛量较多，此种羊毛只有鳞片层与皮质层，质地柔软，可纺性最好。秋毛是秋分后剪下的羊毛，纤维粗壮、弹性好、强度大、光泽强，其中较多为钢毛，具有鳞片层、皮质层和连续的髓质层，质地较硬，可纺性差。阿拉善地毯通过手工纺线，将秋毛的比例提高到50%以上，采用这种羊毛织出的地毯质地刚劲、弹性和拉力强、光泽度佳。

二、制作工具

阿拉善地毯织造过程中所需的工具主要有织毯机、毛笔、尺子、刀子、耙子、剪刀、镊子等。

（一）织毯机

织毯机有木制织毯机和铁制织毯机。传统的木制织毯机由于价格低廉、易于搭建，仍然是目前阿拉善地区地毯织造艺人使用最多的（图4-9、图4-10）。

（二）毛笔

毛笔主要用于画样图、打底稿，如图4-11所示。

图 4-9 搭建木制织毯机

图 4-10 使用木制织毯机织造地毯

（三）尺子

常用的尺子有直尺（图 4-12）和卷尺（图 4-13），其作用是在地毯织造过程中用于测量尺寸。

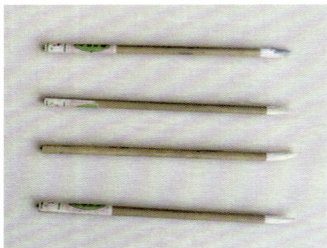

图 4-11 毛笔

图 4-12 直尺

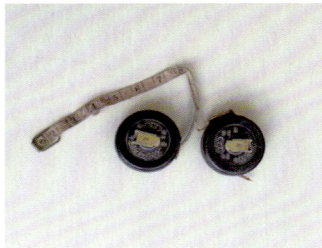

图 4-13 卷尺

（四）刀子

刀子（图 4-14）主要用于栓头工序中砍断线头。

（五）耙子

耙子（图 4-15）的主要作用是在地毯织造完成后，使用耙子将地毯表面打平。

（六）剪刀

不同于一般的剪刀，阿拉善地毯织造中使用的剪刀刀锋更宽更平，主要用于将毯面修平，以及剪齐地毯两边的底穗（图 4-16）。

（七）镊子

镊子（图 4-17）主要用于在整修过程中择净毯面的杂质。

图 4-14 刀子

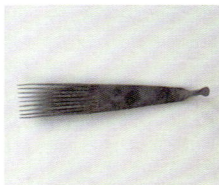

图 4-15 耙子

图 4-16 剪刀

图 4-17 镊子

第四节　制作工艺与技法

　　阿拉善地毯织造技艺复杂，包括构思设计、织作、整修、平毯、剪花（用剪刀将平面图案剪成立体状）、水洗、作旧、整理等工艺环节，下面介绍其中的主要工序。

一、织作

（一）拉经

　　（1）首先检查机梁，保证下梁平稳，上梁平直，两端高度、距离一致。

　　（2）拉经时要求拉直，软硬一致，稀稠均匀。每拉5寸●活打一个记号，每拉完一尺活用尺子量尺寸放够余量。

（二）匀经

　　（1）按照所经活的质量标准，从下梁经活杆由左至右将线摆均匀，每根经线的密度必须均匀一致。

　　（2）下梁经线匀好后观察上梁经线是否摆直，上梁每尺活要放够4分余量。在上梁匀经时要以下梁经活时所打的记号为准，穿上一根经线提至上梁，把经线摆匀后压一寸楔稳住经线的位置。

（三）拾绞

　　拾绞时要从左至右拾起，里外经要分清，隔一根拾一根，拾完后月绑综尺串上。要注意留下双边经，防止扯活。从边经起每隔八根经线留一个双经，以备打绷绳用。

（四）绑综

　　把拾好的前后两批经，用另外两批经线套上，注意每一套都要拴在综弦上，以保证套经一致不动。绑完后检查是否均匀一致，每5寸放2分余量。

（五）压楔

　　压楔是为了把经线伸紧，压到软硬适宜为止。压楔不能过硬，以免断经、扯活。

（六）撬绞

　　将挡杆绑好，从综绑中间穿上绞套，把上绞套拉下来，将下绞套挂在绞棒上，上下抽拉形成绞口。

（七）打底子

　　（1）绞口拉开后，先过一根拦素线（与经线粗细相同），用尺子把拦素线压下

●　丈、尺、寸、分均为长度单位，1丈＝10尺＝100寸＝1000分，1寸＝3.33厘米。

去，距离经杆 3.5 寸为标准，把拦素线压平后抽出尺子，把绞抽起来后再把拦素线绕过来，两头打结，用耙子轻轻打平，再将经线调整均匀。

（2）锁素、打素。先提起两根边经，把锁素线（比经线略粗）套上，一里一外交叉编织，一个来回后用耙子打平。再抽拉绞，织至 3.5 分高，与锁素一起够 4.5 分为标准。

（八）画样图

在经线上画样图时要来回提着画，使里外都画上。但要注意颜色不能过重，以免串色污染。

（九）织作

（1）织毯前准备。把织毯所需的各色线及图案大样仔细检查、核对，并把色线按照色号排列挂齐，以备使用。

（2）栓头。栓头工序是形成地毯花样的关键步骤。

①栓头必须做到平、顺、短、齐，没有半截头、躺头、窝头。

②砍断线头时，刀要拿顺，大拇指弓起来避免手部受伤（图 4-18）。

图 4-18　传承人刘赋国在展示栓头工序

（3）过纬。过左边纬线时要挑起双边的经线，过右边纬线时要把双边经线压下去，靠近边经的要抽紧，以免有纬线被包住。

（4）打耙。第一道纬线打耙时要从高处向低处打，第二道纬线打耙时要先轻后重，直至将活打平、纬线合并为止。

（5）打绷绳。织毯开始做两道活后要打上绷绳再做两道，紧绷后量尺寸。之后每做三寸高打一道绷绳，以免发生抽缩造成毯形不正。

（6）剪荒毛。用剪子把头剪平、剪齐，剪刀拿平从左至右剪。确保两边稍厚，中间薄厚均匀平整，右边留两个头不剪以防疵边。

（7）运活。一块活做到 4～5 尺高，或者做完一块就要往下运活。运活时，活口留两道，卸掉绷绳和绞棒，要把活拉顺、按平，防止扯活。活运好后将活口的绷绳拉紧，量好尺寸再继续织作。

（8）下活。织作完成后下活。下活时先卸掉绞棒，解去绞绳，将机梁支稳再剪经线。剪经线时要注意留够3.5寸的穗子。先剪两边再剪中间，使地毯保持平衡下落。

二、整修

整修是处理地毯织作等前后道工序遗留下来的一切不符合质量标准的疵点。整修的工艺流程包括：整修毯背、整修毯面、校正毯形、扫边毛、卷活。

（一）整修毯背

（1）先将毯背朝上铺平，检查有无质量疵点，然后按顺序进行整修。

（2）经、纬疵点整修。

①凸经或经线疙瘩要掀平，毯面、毯背二不露痕迹。

②个别断经断纬接好缝上，掀平不露痕迹。

（3）污渍的疵点整修。将水印、油污、锈色、折痕等擦修干净。

（4）扯活、窟窿疵点整修。先接好经纬线，再用与原活洗后一样颜色的毛纱穿修好。

（二）整修毯面

（1）杂质、毛头的整理。用镊子挑出择净，或用剪子顺毛剪平。

（2）绞口的整修。矮处用镊子提平，高处用镊子抻匀，再用刷子将绞口刷修一致。

（3）水印、油污、锈色、脱色等。用化学溶剂去污或擦修，确保处理后不显痕迹。

（三）校正毯型

按活的大小规格用皮尺量，如有尺寸不够、大头小尾等问题，可采用纫的方法处理。

（四）扫边毛

把地毯两边的长毛用剪子剪齐。底穗如有油污、锈色等也要擦修干净。

（五）卷活

将修整完备的活先扫净毯背，再顺毛扫净毯面，从下往上卷紧卷齐。

三、平毯

平毯是对地毯半成品进行美化的第一个工艺处理程序，即毯面的平整处理，为进一步美化修饰的各个工序创造必要的条件。其目的是克服和纠正织毯工艺中遗留的不利于平毯工序和其他有关工序的各种因素，对多余的载绒层厚度（即平活量）进行切削，使整个载绒层厚度一致，毯面平整光滑，不显道数。平毯的工艺流程包括：择后背—倒验—刮活—机平—交验—手剪平。

四、剪花

剪花是使用专用的电动剪子，根据地毯的设计要求，运用片剪的手段和技巧进行纹样的美化、修饰和整理。其主要目的在于对织造的纹样进行美化、修饰补充，从而达到鲜明清晰、剪口均匀、俏丽逼真的艺术效果。剪花的工艺流程包括：上活—剪花—清理—检修。

五、水洗

化学水洗地毯的目的是提高地毯的内在及外观质量。通过氢氧化钠（烧碱）、次氯酸钙（漂白粉）、硫酸等化学原料处理，可以去掉地毯表面的油污，使地毯回缩定形，同时起到消毒杀菌的作用。水洗后的地毯手感柔软，光泽更好，色彩更加鲜明美观。水洗的工艺流程包括：配活—浸活—刮活—练碱—过清—漂洗—脱水—二次练碱—过清—脱水—浸酸—过清—脱水—顺活—烘干。

六、作旧

作旧是阿拉善地毯必不可少的一道处理工序，作旧质量的好坏直接影响着地毯的外观质量。作旧的工艺流程包括：铺活—剪齐刷散底穗—底穗活边造旧—毯背造旧—整修毯面—卷活。

第五节 工艺特征与纹样

阿拉善位于中国农耕游牧交汇处，地处内蒙古自治区最西部，南、东南与宁夏回族自治区毗邻，西、西南与甘肃省接壤，北与蒙古国交界，多个游牧民族曾生活在此。由于这一特殊历史地理位置，阿拉善地毯在工艺特征与纹样特色上也呈现出多元性，织造技艺从丝绸之路东段经新疆向东传入，而图案文化则由中原向西传入。阿拉善地毯作为游牧文化和农耕文化的重要产物，其中蕴含着多元的文化元素，充分体现了该地区的民族文化审美特性，是中华民族不可缺少的重要文化遗产和文化资源。

一、工艺特征

阿拉善地毯属于手工栽种地毯，栽种地毯的打结方式有两种：波斯结和土耳其结。图 4-19 所示波斯结（也称"8"字形结）适合于编织比较繁密复杂的纹样，广泛用于中亚、波斯、东亚、巴基斯坦、印度和中国地毯。图 4-20 所示土耳其结（也称马蹄形结）编织的地毯较为结实，一般在土耳其、波斯、西部高加索地区使用。阿拉善地毯的打结方式属于 8 字形结，这一工艺决定了阿拉善地毯图案的丰富性。

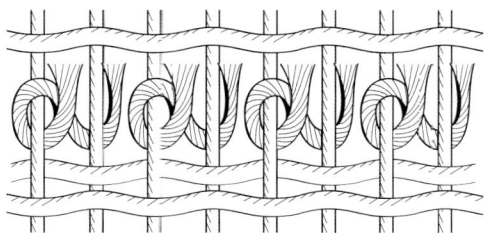

图 4-19 波斯结

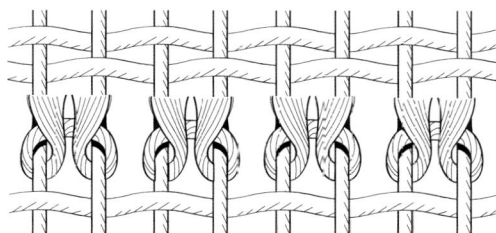

图 4-20 土耳其结

二、纹样

阿拉善地毯的纹样融合了蒙古族、满族、藏族、汉族、回族等多民族文化元素，是当地各族人民祈福文化的象征符号。植物类、动物类、几何类和其他吉祥图案按照其自身的构成规律进行组合，使得阿拉善地毯呈现出鲜明的地域文化特征。

（一）按照纹样位置分布划分

阿拉善地毯的纹样按照在地毯上的位置分布进行划分，可以分为边、线道、中心纹样、角隅纹样、散点纹样。边和线道交叠围绕在四周，形成一个内部空间（大地），大地上由外向内分布着角隅纹样、散点纹样和中心纹样。

1. 边

边指围绕地毯四周从外向内形成的宽窄不一的边框。根据地毯尺寸的不同，边的宽窄、数量以及填充纹样的类型也有差异。边一般有蓝边、大边、二边和珠边（图 4-21）。

（1）蓝边是地毯最外的一条边，一般以深蓝色净色为主，所以地毯艺人约定俗成地称为蓝边。但是在寺院用毯中也有红色、棕色等其他颜色。

（2）大边是地毯内侧靠近蓝边最宽的一条边。大边一般以万字文（正万字、斜万字、五色万字）、锦地纹、植物花卉的二方连续、海水江崖纹样、八宝纹等进行装饰。

（3）二边（也称小边），靠近天边线道内，通常窄于大边。二边纹样主要有回纹、铁绳扣、云头纹、寿字纹、丁字纹等。

（4）珠边。阿拉善地毯中的"寺院毯"内部一般以"赶珠纹"进行装饰，所以称珠边。民间用毯的珠边也有用其他纹样进行装饰。

2. 线道

线道是各个边饰内外的直线，也称"夹线"。根据地毯布局需要，线道一般有单根、双根或者三根以上并列出现。

3. 中心纹样

由于古老的中心纹样中常常出现青铜器中的夔龙纹样，故把中心纹样称作"夔龙"或者"奎龙"，也称"草龙"。此

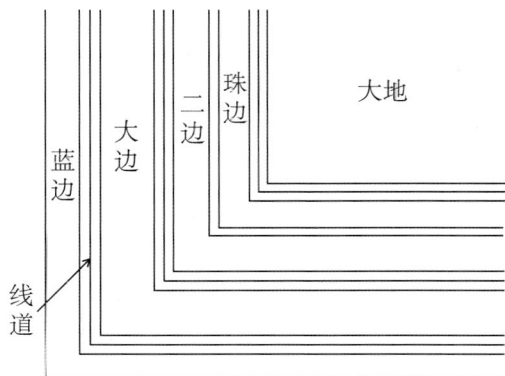

图 4-21 边的位置分布

外，由于其常以圆形纹样的形式出现，所以地毯艺人们俗称"陀子"。除了常见的圆形外，中心纹样也有方形或者椭圆形，以植物纹样居多，例如牡丹纹、荷花纹、菊花纹、石榴花纹、相宝花纹、植物几何纹，或龙纹、寿字纹、五福捧寿纹等。

4. 角隅纹样

角隅纹样位于线道内，又叫"角云"，民间也称作"拐子"。拐子常见的图案有牡丹纹、几何纹、龙纹、海水江崖纹等。

5. 散点纹样

散点纹样是有规律地分布在大地上围绕着中心纹样的装饰纹样。散点纹样主要有梅、兰、菊、竹、牡丹、玉兰、海棠、石榴等花草散枝纹样，吉祥八宝纹样，暗八仙纹样，以及蝴蝶纹、蝙蝠纹、金钱纹、长圆寿字纹等装饰纹样。

（二）按照图案题材划分

阿拉善地毯的图案题材极为丰富，可以分为植物类、动物类、器物类、几何类和其他吉祥图案。

1. 植物类图案

阿拉善地毯的植物纹样有"四君子（梅、兰、菊、竹）"纹样（图4-22），"福寿三多（桃、石榴、佛手）"纹样（图4-23），象征富贵的牡丹纹样（图4-24），与佛教紧密相关的相宝花（图4-25）纹样，植物与动物结合的草龙纹样，以及灵芝、水仙、葡萄、牵牛花、玉带草、松树、梧桐、葫芦、桂花等其他植物纹样等。

其中，牡丹纹样在植物纹样中运用最为广泛。牡丹有多重组合方式和寓意，如

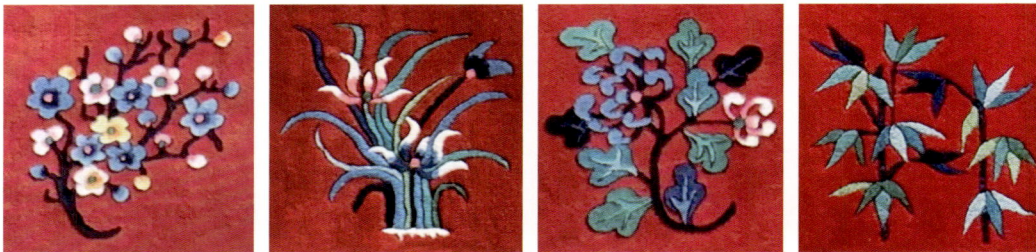

| 梅 | 兰 | 菊 | 竹 |

图4-22 "四君子"纹样

| 桃 | 石榴 | 佛手 |

图4-23 "福寿三多"纹样

图 4-24　牡丹

图 4-25　相宝花

"玉堂富贵（海棠、玉兰、牡丹、桂花）"；"金玉满堂（玉兰、牡丹）"；"富贵国香（牡丹、蝴蝶）"；"富贵长春（月季、牡丹、芙蓉或金盏花）"；"富贵平安（花瓶、牡丹）"等。

2. 动物类图案

阿拉善地毯中有不少吉祥寓意的动物纹样，如龙、凤、麒麟、龟、狮、鹿、鹤、蝙蝠、蝴蝶等。例如，鹿、鹤、梧桐树的组合称为"鹿鹤同春"（图 4-26）；五只蝙蝠围绕一个福字称为"五福奉寿"（图 4-27）；鹿与蝙蝠纹样的组合称为"福禄双全"；"宏福无量"采用红色的蝙蝠寓意好兆头；"蝶"因与"耋"谐音而常出现在祝寿毯中；"二龙戏珠"寓意吉祥喜庆；五龙毯、九龙毯中以龙作为吉祥的象征。

图 4-26　鹿鹤同春

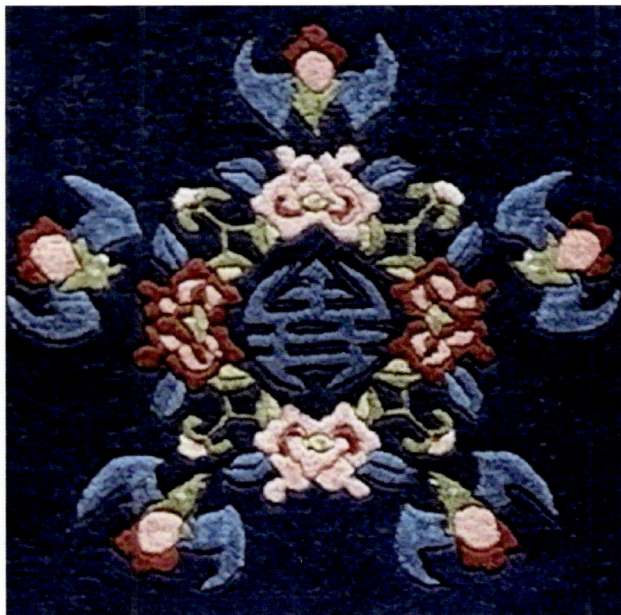

图 4-27　五福捧寿

3. 器物类图案

阿拉善地毯中的博古毯常用被称为"四艺"的"琴棋书画"纹样（图4-28）进行装饰。此外，还有"笔墨纸砚"纹样、"瓶炉鼎罐"纹样等。

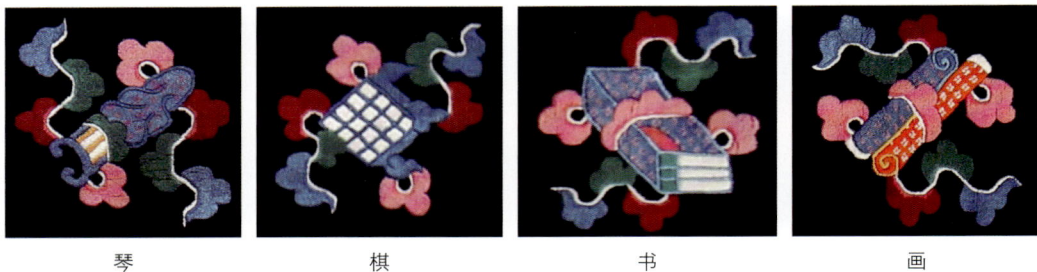

琴　　　　　　　棋　　　　　　　书　　　　　　　画

图4-28　"四艺"纹样

4. 几何类图案

阿拉善地毯的几何纹样主要出现在边饰和大地纹样中，有万字纹（图4-29）、回纹（图4-30）、赶珠纹（图4-31）、铁绳扣（图4-32）、锦地纹（图4-33）等。

图4-29　万字纹

图4-30　回纹

图4-31　赶珠纹

图4-32　铁绳扣

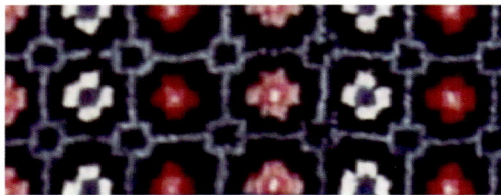

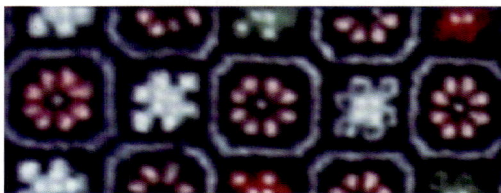

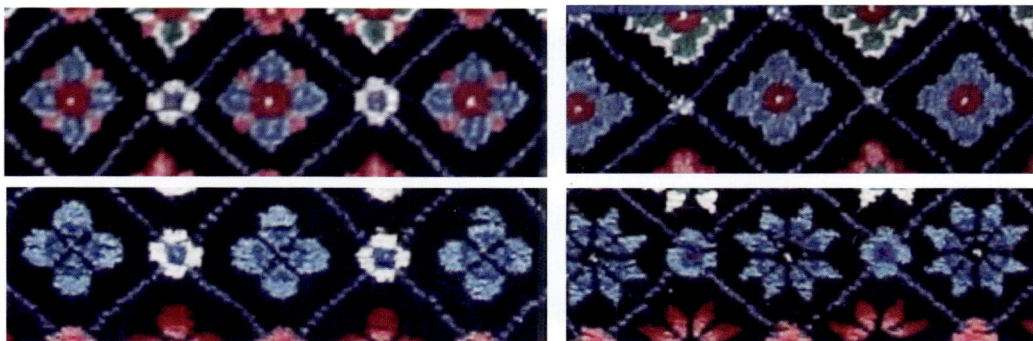

图 4-33　锦地纹

5. 其他吉祥图案

阿善地毯的其他吉祥纹样可以概括为以下几种。

（1）佛教纹样。如八吉祥纹样（轮、螺、伞、盖、花、罐、鱼、肠），大象，金刚杵等。

（2）道教纹样。八仙纹指道教八仙（铁拐李、汉钟离、张果老、蓝采和、何仙姑、吕洞宾、韩湘子、曹国舅），暗八仙纹指八仙手持的宝物（芭蕉扇、阴阳版、宝剑、葫芦、花篮、笛子，鱼鼓、荷花）。

（3）民间纹样。指民间八宝（珠、方胜、磬、犀角、金钱、菱镜、书、艾叶）。

第六节　作品赏析

阿拉善地毯以图案美观、做工精细、质地坚韧、洗似锦缎而著名，按照用途不同可分为宗教用毯和民间用毯。宗教毯主要有寺院的龙抱柱毯（图 4-34），喇嘛打坐毯（图 4-35）等。民间用毯主要有马鞍毯、炕毯等。随着时代发展，又逐渐出现了沙发坐垫、摩托车坐垫、汽车坐垫等日用毯。无论何种用途的地毯，都与阿拉善当地人民的日常生活密切相关，同时客观反映出当地民众的多元文化取向，具备极高的实用价值、欣赏价值和收藏价值。

阿拉善地毯在审美特征上表现出统一与变化的完美结合。在构图上，遵循

平铺　　　　上柱

图 4-34　龙抱柱毯

图 4-35　喇嘛打坐毯

中国传统装饰图案的格律形式，强调对称性、均衡性以及章法布局的合理性，地毯造型呈现出庄严稳重的美感。在纹样上，基于统一与和谐的基础，寻求图案变化的多样性，通过纹样的大小、方圆、疏密、高低、远近、虚实的对比实现纹样的丰富性。在色彩上，将不同深浅、冷暖、鲜灰的颜色，按照一定规律进行连续重复，从而产生有节奏韵律的律动美。总体而言，阿拉善地毯在变化中求统一、统一中求变化，呈现出丰富和谐的艺术特点，如图 4-36 ～图 4-41 所示。

图 4-36　《琴棋书画》

图 4-37 《大博古》

图 4-38 《梅兰竹菊》

图 4-39 五龙毯

图 4-40　九龙毯

三蓝仿古地毯是阿拉善地毯的代表性作品。图 4-41 中的三蓝仿古地毯沿用民间流传数千年的结扣工艺，内容取材于我国传统吉祥纹样，精心手编而成。色彩以三种不同深浅的蓝色为主色调，淡泊清雅，体现了蒙古族崇尚蓝色的民族情结，充分反映了阿拉善地区蒙古族的审美情趣和历史文化。布局采用四面对称的格律，呈现出严谨古雅、安定稳重的艺术风格。

图 4-41　三蓝仿古地毯

第七节　传承人专访

　　笔者在前往阿拉善左旗对阿拉善地毯织造技艺进行田野调查后，对国家级传承人刘赋国进行了专访，以下是本次专访的主要内容。

一、请讲一讲您和阿拉善地毯织造技艺的渊源。

　　刘赋国：1958 ~ 1998 年我一直在地毯厂工作，期间掌握了阿拉善地毯织造的全部技术流程。1998 年我从阿拉善地毯厂退休后，向亲戚朋友借了 1 万多元做了五台木制织毯机，用自己家当厂房，先后招收了五六位熟练工织地毯。经过自己的努力积累了良好的声誉，订单源源不断，一年比一年多，于是又增加了几台机子，最多的时候请过十几位工人，先后给中国香港、青海等地方的客户做过地毯，也给南寺、北寺、头道湖寺、三道湖寺、延寿寺等阿拉善盟的寺庙做了几百条龙抱柱毯和门帘子。后来随着国家越来越重视非物质文化遗产的保护工作，2008 年我被认定为阿拉善地毯织造技艺的国家级传承人，之后又被认定为内蒙古自治区级、盟级传承人，我更加认识到阿拉善地毯织造技艺是一项宝贵的非物质文化遗产，更加积极地参加到传承保护工作中来。

二、请问您参与过哪些传承活动？

　　刘赋国：我积极配合主管部门参与各种保护活动。例如，多次配合阿左旗文化馆走访八九十岁的织毯老艺人，对阿拉善地毯织造技艺进行挖掘；给徒弟传授阿拉善地毯的染线、配色、绘图、经活、织作等技术流程；为阿拉善地毯建设工程提供资料；作为主讲人参与盟博物馆组织的关于地毯制造技艺和阿拉善地毯发展历史的专题讲座；参加阿拉善盟非物质文化遗产及文旅融合发展工作汇报会；参加非遗传承人研讨会和非遗传承展示活动；配合旗文化馆和其他媒体宣传阿拉善地毯；还接待过来自宁波、新疆等地的大学生来调研、学习。

三、您觉得现在阿拉善地毯织造技艺的传承遇到哪些困难？

　　刘赋国：在非物质文化遗产传承工作中，我一直严肃认真，深知自己工作责任的重大和意义的深远。但是随着年龄的增长，逐渐感觉到许多工作已经力不从心，特别是在培养传承人方面，依旧面临着重重困难。地毯制作是一个纯手工的活，织造辛苦、学习枯燥，现在愿意学习和继承的年轻人越来越少，而过去的老艺人大多到了退休的年龄，所以从事这项技艺的人也越来越少了。尽管我做了很多努力，经常去和他们面对面地交流，希望他们能为阿拉善地毯的传承尽一些绵薄之力，然而收到的效果却不容乐观。

四、您认为机织毯对传统手工地毯的发展有什么影响？

刘赋国：机织地毯价格便宜，花色丰富，款式也更新，可是"外行看热闹，内行看门道"，在内行人看来，机织地毯不如手工地毯结实耐用，做出来的样子也不如手工织出来的灵活。由于手工织造地毯对操作者的专业和耐力要求高，学徒至少要培训三个月才能自己单独生产，并且工作周期长，一个人织一块 2 米长、1.8 米宽的地毯需要半年的时间，因此，对比机织地毯售价更高，销售起来更困难。随着现代化设备的使用率增大，机织地毯的生产规模越来越壮大，市面上的机织地毯越来越多，对传统手工地毯的冲击还是很大的。

五、您是如何看待家庭式作坊的生产模式？

刘赋国：现在家庭式手工作坊的日子比较艰难。虽然手工织造地毯的工作强度大、周期长，但是也有一些手艺人就是喜欢这门手艺，愿意自己在家里织毯子。现实问题是虽然十天八天甚至一年半载不挣钱还行，但是时间长了怎么行？手艺人也要维持生活。所以，对他们来说不仅要做出活来，还要考虑怎么销售出去，提高收入。

六、请您谈谈您感受最深的政府为阿拉善地毯织造技艺传承做的工作。

刘赋国：近些年来，阿拉善盟和阿拉善左旗文化馆的领导非常重视非遗方面的事情。政府启动了阿拉善地毯建设工程，阿拉善盟博物馆组织"文化大讲堂"活动对阿拉善地毯进行普及，阿拉善左旗文化馆组织拍摄关于阿拉善地毯工艺流程、原阿拉善地毯厂发展历史的专题宣传片等，政府为阿拉善地毯织造技艺的传承做了很多工作。2019 年在我的建议下，旗文化馆用有限的资金把阿拉善地毯中有代表性、快要失传的纹样搜集和保存起来，以便让后人参考。

七、您对阿拉善地毯以后的传承发展有怎样的期待？

刘赋国：一是希望媒体能加强对阿拉善地毯的宣传，把阿拉善地毯的文化魅力充分展示出来，让更多人民群众认识和了解这项国家级非物质文化遗产所特有的文化魅力，从而增强人民群众的文化自信，通过他们的传播让阿拉善地毯得到区内外甚至海内外更多人的关注和喜爱。二是我希望政府能想一些办法，通过改善工作环境，提高工资待遇等，调动手艺人和年轻人的积极性，让阿拉善地毯能够真正传承下去。

八、您计划以后怎样开展自己的传承工作？

刘赋国：在今后的工作中，我将一如既往地做好自己的传承工作，尽自己的能力将阿拉善地毯织造技艺传承好。在不断完善自己技艺的同时，做好阿拉善地毯织造技艺的总结提炼，把自己的所有技术和经验毫无保留地传授给徒弟，让阿拉善地毯制作工艺得到更好的发展，永远地流传下去。

第八节　传承现状与对策

一、传承现状

阿拉善地毯织造技艺在传承过程中融合了多民族文化的许多内容和不断去粗取精的工艺，形成了我们现在所看到的内容丰满、外形卓越、质地优良的具有代表性的地毯。但是随着时代的变迁，与大部分非物质文化遗产的现状类似，阿拉善地毯也面临着技艺传承断层、消费市场越来越小、保护工作艰难等现实问题。

（一）传承后继无人

阿拉善地毯制作技术含量很高，但属于劳动密集型行业，劳动强度大，工艺烦琐，附加值低，很难吸引年轻人来学习手艺。且因生活条件改变和环境变迁，地毯的受众逐渐缩小，难以转化为稳定的经济收入来源，部分织毯艺人转而从事其他行业。目前传承人的年龄大多在50～70岁，缺乏新一代的传承接班人，经典的技艺濒临失传，很难建立新的传承谱系，面临着传承断层的困境。

（二）推广缺乏渠道

阿拉善地毯织造传统技艺地处较为偏远的西北地区，在品牌建立、文化形象塑造、营销推广等方面缺乏有力的支持，自身的规模化生产也有很大的局限性。为了保持它纯手工制作的艺术魅力，需要耗费大量的人力资源，目前主要依靠一些散落的家庭作坊进行生产销售，既没有统一的品牌对外进行宣传，也没有规范的营销渠道予以推广。

（三）保护面临困境

阿拉善地毯织造技艺是依靠言传身教进行传承的传统手工技艺，而随着阿拉善城市改造进程的加快，在棚户区改造中，部分阿拉善地毯制作间被拆除，传承人需要重新寻找合适的制作场所和传习设施，使一些老艺人暂停开展传承活动。此外，非遗保护工作量大，保护工作中技术性、学术性、实践性较强，阿拉善左旗文化馆负责全旗所有非物质文化遗产项目的抢救、挖掘、传承、保护和管理工作，工作任务艰巨，工作人员结构和数量有待完善。

二、传承对策

文化是资源，也是发展的助推力。阿拉善手工地毯制造业对增强阿拉善的区域经济和文化发展有重要的推动作用。对阿拉善地毯织造技艺进行传承和保护，应当在深入研究这一传统手工艺文化内涵的基础上，均衡考虑当地的经济社会环境，构建具有可持续发展意义的传承对策，重新建立起人们对阿拉善地毯这一传统手工艺品的认知度，使其保持传统风貌和地域特色的同时，还能带动区域特色经济的发展。针对现状笔者提出如下对策建议。

（一）建立传承人谱系和资料档案库

在阿拉善盟展开全区域普查，建立传承人档案和传承谱系，对传承人所掌握的资料进行收集整理，利用摄影摄像等手段进行电子存档。特别是对于一些年事已高的老艺人，渐渐不能上机亲自操作了，对他们的制造手艺应该用视频记录的形式进行抢救性保护。对图案样式、布局色彩搭配等进行整理和归纳，逐步建立起包括传承人信息、地毯制作方法和步骤、图案样式和布局色彩、经典地毯实物展示等内容的资料档案库，通过信息技术进一步完善数据库，丰富音频、视频资料内容。

（二）打造具有区域特色的手工地毯品牌

结合阿拉善的旅游资源和历史文化内涵，进一步挖掘阿拉善地区在地毯织造这一传统技艺上的潜力，打造具有地域特色的手工地毯品牌形象，逐渐形成阿拉善地毯织造产业链。一方面，根据市场需求创新发展。将阿拉善地毯融入文化创意产品开发当中，延伸产品类别，促进融合发展，力争产品精细化、多样化，满足不同层次人群的需求。另一方面，借助多渠道开展推广宣传。在利用非遗博览会、文化遗产日、英雄会、那达慕大会等线下活动进行推广的同时，也要拓展微博、微信、短视频等新媒体平台的线上推广渠道，探索低成本、高性价比的营销模式，助力打造具有区域特色的阿拉善手工地毯品牌。

（三）给予充分的政策支持

一是加强阿拉善地毯传习所建设，为传承人提供良好的创作和传习环境，解决传承人的后顾之忧，在一定程度上恢复传统的师徒学习制度，通过老艺人的亲身传授，让原汁原味的经典图案样式和织造技艺得以传承。二是当地文化馆、博物馆、旅游局以及学校等单位，多举办一些阿拉善地毯织造技艺的主题宣传活动，使其能够更多地出现在民众的现实生活中，特别是让年轻人更加贴切地了解阿拉善地毯织造技艺，为培养新一代的传承人打下基础，也让传承有人、有地、有途径。

第五章

察哈尔毛绣

毛绣，蒙古语叫"苏日哈塔木乐"，汉语意为"毛植"，是蒙古族一项传统的手工技艺，因其主要分布于内蒙古乌兰察布市察哈尔右翼后旗周边以及北京市等地，故又称其为察哈尔毛绣。它以动物皮毛上的锋毛（退绒）为原材料，根据各种动物图案形状，以栽植方式将其重现于传统大经纬纱网之上，作品写实、立体、鲜活，具有极强的艺术张力，素有"平面标本"的美誉。2011年，内蒙古察哈尔毛绣入选内蒙古自治区级非物质文化遗产名录，毛绣的第四代传承人萧掌柜被认定为自治区级非物质文化遗产代表性传承人（图5-1）。2021年，察哈尔毛绣入选我国第五批国家级非物质文化遗产代表性项目，类别为传统美术，传承人依然是萧掌柜（表5-1）。

图5-1　内蒙古自治区级非物质文化遗产代表性传承人奖章

表5-1　察哈尔毛绣

名录名称	察哈尔毛绣
名录类别	传统美术
名录级别	国家级
申报地区或单位	乌兰察布市察哈尔右翼后旗
国家级传承代表人	萧掌柜

第一节　起源与发展

一、察哈尔毛绣的起源

1206年，成吉思汗建立大蒙古国，其护卫军骁勇善战，史称"怯薛军"，即察哈尔部落的前身，寓意"贴身近卫"。1229年，成吉思汗第三子窝阔台继位，其雄心不减、四处征伐，派拔都远征欧洲，疆域版图横跨中亚、华北和东欧，在任期间他重用中原文人，开科取士，笼络能工巧匠，为元朝建立奠定了深厚的底蕴。1235年，窝阔台建都，名曰"哈剌和林"，都城建成之日，蒙古各部及外国使节携礼前来祝贺，在众多贺礼中，成吉思汗曾经的执事察哈尔人送来的一幅《八骏图》毛植作品脱颖而出，该作品生动还原了成吉思汗心爱的八匹骏马，窝阔台极为满意，从此毛植技艺在察哈尔部落代代相传。

毛植技艺诞生的传说还有另外一个版本，1234年，窝阔台命令其侄子拔都进行了第二次西征，在进攻马札儿的首都时，在宫殿中看到一幅踏雪的枣红马油画，与成吉思汗生前的坐骑极为相似。于是拔都将这幅画送给了窝阔台，窝阔台大为震撼，即刻调集能工巧匠、刺绣匠人按照原样做出一匹枣红马，但是蒙古各部所呈石雕、木雕、铜雕、湘绣均缺少神韵，无法令窝阔台满意，直至察哈尔工匠送来一件用原生态毛制作的毛绣枣红马，较原图更为传神生动，从此毛植在察哈尔部广为流传。以上两种说法均没有史料佐证，但可以肯定的是毛绣技艺传自察哈尔蒙古族，且在窝阔台时期迅速发展。

元朝时期，忽必烈大力发展丝织、棉织等手工艺，他每攻下一城，均对当地工匠网开一面，故元代的手工艺发展颇呈鼎沸之势，此种大势下，极具游牧民族特色的毛织应运而生。毛织分为毡、罽两类，毡通过鞣毛织成，常用于帽、席等生活用品；罽则用羊毛、野蚕丝等织成，即现今的地毯，无花纹的称为剪绒毯或栽绒毯，有花纹的称为剪绒花毯。毛植属于早期的罽类，称为原罽。地毯的制作需要经纬线，即类似制作毛植所用的大经纬纱网，地毯中的每一个绒头代表毛植中每个经纬网格中的锋毛，地毯的制作是将显花绒纬编制在经线上，毛植是将锋毛栽植在大经纬网上，两者均是在十字交叉的经纬线上制作图案。

二、察哈尔毛绣的发展

相传毛绣工艺距今已有800多年历史，自元代失传后，直至20世纪60年代才重现于世人面前。其中渊源还需从毛绣传承人萧国栋谈起，萧国栋出生于东北一个手工艺之家，从小耳濡目染，加之兴趣使然，长大后便成为一名建筑工程师（图5-2）。1962年，他被外派到蒙古国工作，机缘巧合下与一位制作毛绣的蒙古族老人苏日嘎拉图相识，从此便与毛绣结缘。据老人自述说，他们原是内蒙古察哈尔人，祖辈均是宫廷里从事毛绣技艺的工匠，家族曾是毛绣世家，代代单传，由于年代久远，到他已不知是第几代传人，老人膝下又无儿女或徒弟，已没有人可负传承重担。此种情形下，老人见萧国栋天分出众，同时又喜爱这门技艺，遂将其收为弟子。萧国栋于蒙古国工作了4年，平时都是趁着业余时间前去学习毛绣，虽然他不会蒙古语，但凭借着手势比划，依然学到了毛绣的精

图5-2 察哈尔毛绣第三代传承人萧国栋

髓，1966年，萧国栋将毛绣技艺带回了国内，但限于当时国内的环境，该项工艺一直处于蒙尘状态。直到1976年以后，毛绣才得以重现世间。

彼时萧国栋制作毛绣已是有心无力，但他并不愿此项技艺失传，便将其传给了自己的儿女。虽说萧家兄妹6人从小在父亲的耳濡目染下均会一些毛绣技艺，但是真正将这门手艺钻研透彻并将其发展起来的还要算接触这门手艺最晚的儿子萧掌柜——国家级非物质文化遗产传承人、中国传统工艺美术大师、乌兰察布市工艺美术大师、中国高级工艺美术师（图5-3）。萧掌柜当时已经40岁，凭借着过硬的美术功底和生物学基础，即使是"半路出家"，仍然挑起了继承毛绣这门技艺的大梁。

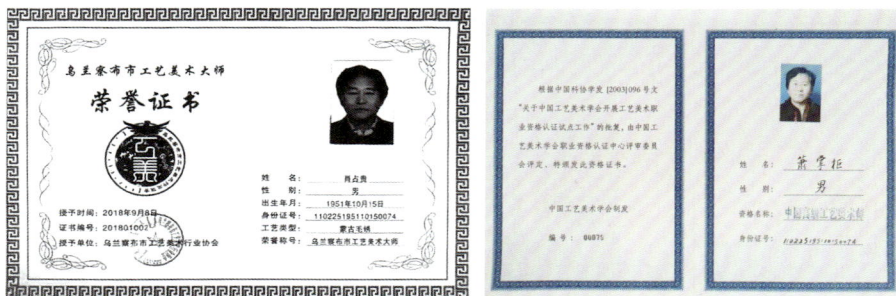

图 5-3 高级工艺美术师萧掌柜荣誉证书（萧掌柜曾用名"萧占贵"）

2011年，萧掌柜来到乌兰察布市察右后旗，成立了察哈尔民族工艺有限公司。他始终鞭策自己为传承毛绣技艺而努力。为了传授毛绣技艺，萧掌柜已经在内蒙古举办了300多场讲座。他组织察右后旗手工艺人们赴外地考察学习，开阔思路；还组织文化创意设计人员赴唐山、北京等地学习考察。在萧掌柜看来，如果能够把察哈尔的民族特色文化元素融入骨瓷器工艺品、生活用品，对于带动当地经济的发展很有意义。萧掌柜说："要跟得上时代，就必须要有创新。"他现在正努力做两件事，第一件是把声、光、电甚至纳米技术融入毛绣工艺中，让毛绣更有生命力，实现规模化生产。第二件事是他已经做出了世界近代灭绝野生动物主题公园创意书、乌兰察布市远古巨兽主题公园设计书，他还打算发展毛绣动漫产业。现在萧掌柜已经完成了近百集的动漫故事，他希望借助动漫形式让这项传统手工技艺更广泛地传播。图5-4所示为萧掌柜利用毛绣技艺制作的仿真动物。

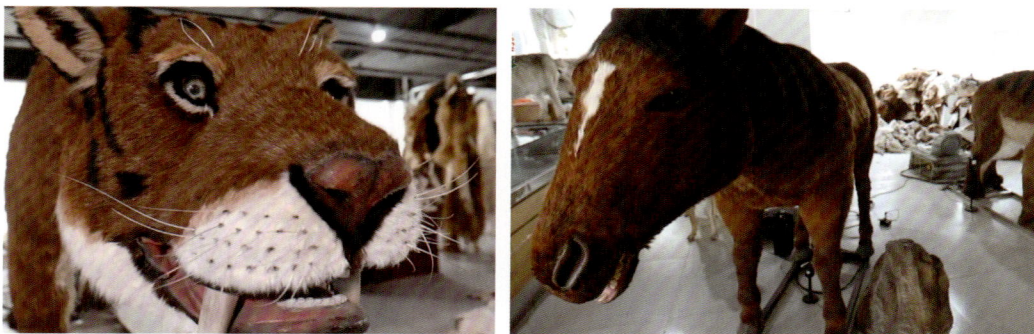

图 5-4 萧掌柜利用毛绣技艺制作的仿真动物

第二节　风俗趣事

一、毛绣情缘，传奇掌柜

萧掌柜，1951年生人，"掌柜"一词总会令读者萌生穿越之感，但我们故事的主角却并非武侠小说里的店铺掌柜，而是身怀绝技的工艺大师，国家级非物质文化遗产察哈尔毛绣传承人。年少时的萧掌柜个性奔放、洒脱不羁，任谁都难以想象未来的他竟甘愿沉浸于毛绣这一方天地，并以自己的一生诠释了理想的力量。

1968年，萧掌柜来到了内蒙古乌兰察布盟都县屯垦公社泉子沟大队。蒙汉混居的泉子沟条件艰苦，半农半牧，粮食短缺，冬天出奇的冷，零上的温度似乎是一种奢望。当时萧掌柜的身份是一名牧马人，在这里，马成了萧掌柜内心孤独的托付，整日与马相伴，他记住了它们奔跑时的热情、闲走的优雅、嘶鸣时的不羁，甚或是眼神的细腻，好似马儿的所思所想，他都了然于心，和动物似有一种说不清道不明的亲近感。曾发生过惊险一幕让萧掌柜记忆犹新，那是深秋的一天，他和另一位知青赶着马群上山放牧，或许是太过疲惫，两人竟睡着了，醒来时马群不见了踪影，马是集体财产，两人赶忙将情况汇报大队，公社全员出动才在临近的公社找回马群。

萧掌柜多才多艺，是社里的文艺骨干，当时恰逢样板戏的春天，公社要组建剧团，他便离开了畜牧岗位，从此成了样板戏演出中最亮的那颗星。萧掌柜在草原上度过了8年时光，从放牧到唱戏，这段记忆深深镌刻于脑海中。1976年，他回到了北京，先后负责文体、景点开发等工作。在北京，没有广袤的草原、奔腾的骏马，最重要的是，自己心中的理想没有依托，所以，他选择了离开。

1993年，萧掌柜下海经商，开了一家工艺品加工厂，产品畅销到中国香港和日本，有大单时工厂一天能有几万块钱的流水，但是由于是流水线作业，生产出来的产品虽然也生动形象，但是缺乏神韵，产品的质量难以得到保证，退货情况频发。直到2000年，有一个总价120万的订单被退货以后，工厂被迫关门。虽然此次创业失败，但是萧掌柜却学到了一个深刻的道理："传统手工艺，必须按照工艺要求手工生产，规模生产只会毁掉它的价值。"在家人的提醒下，"传家宝"毛绣再次进入了萧掌柜的世界。图5-5所示为年轻时的萧掌柜。

图5-5　年轻时的萧掌柜

二、偷学自练终成器

萧掌柜的父亲萧国栋花甲之年时，为使毛绣技艺不至于蒙尘，决定将其传授给自己的儿女。因为毛绣工艺品本身的特点，需要艺人能心无旁骛地进行创作，耐心是第一要素，但是年少的萧掌柜天性好动，对外面的世界充满了好奇，喜爱四处探索，加之他早年插队，常年在外奔波，萧国栋最初并没有产生向其传授毛绣技艺的想法，而是将性格较为内敛的萧掌柜的兄长作为了传承人。每次父亲授艺时都大门紧闭，对其他子女严格保密，如此做法，自然更加激起了萧掌柜的好奇之心，于是他决定向父亲请教手艺，但无论他如何恳求，换来的依然是拒绝二字，甚至连相关的工具都不让他接触。如此境况并没有打消萧掌柜学艺的想法，内心的不甘以及对毛绣纯粹的热爱鼓励着他不断前行。他凭借着自己儿时的记忆以及超强的悟性，不断摸索着做，当他将作品呈现给父亲时，父亲表情复杂，一言不发。后来有一次在萧掌柜和兄长聊天的过程中，他才得知父亲的态度，"你看看你们，跟着我学这么长时间了还不如你弟弟，一点悟性都没有，你弟弟看都看会了。"得到父亲的肯定后，萧掌柜信心大增，在一幅幅日渐进步的作品面前，父亲终于放下了最初的坚持，开始指导他学艺。

其后的学习过程并非一帆风顺，父子俩在原料取材方面产生了争执。因为当初萧国栋在蒙古国拜师的时候曾经庄严承诺，一定严格按照毛绣的传统工艺进行创作，做什么动物就用什么动物的毛，以保持动物的真实性。但如今有野生动物保护法，继续保持此种传统取材必然不行，父亲不肯顺应时代的变化，所以只能做一些猫、兔之类的小动物，但长此以往会使毛绣的发展受到限止。因此，萧掌柜决定打破常规，选用其他动物的毛作为野生动物原材料的替代物，他从东北的辽宁、吉林、黑龙江走到西北的甘肃、青海甚至西藏，在这些不同海拔、不同纬度、不同气候的地区饲养的牛、马、羊、犬、猪等家畜的锋毛、沙毛和绒毛中，找到了可以替代猛虎、雄狮、猎豹等野生动物的毛。在这种大胆的创新下，主宰毛绣作品成败的原材料问题终于被解决，毛绣的发展也迎来了新的春天。通过多年的苦练摸索，萧掌柜的手艺越发精湛，他做的仿真动物足以以假乱真。图5-6所示为传奇工匠萧掌柜，图5-7所示为萧掌柜在制作毛绣作品，图5-8所示为萧掌柜在传授毛绣技艺。

图5-6　传奇工匠萧掌柜

图5-7　萧掌柜制作毛绣作品

图 5-8　萧掌柜在传授毛绣技艺

第三节　制作材料与工具

　　长期以来，制作毛绣所面临的最严重的问题便是野生动物真皮不易获取。由于萧掌柜的不拘一格与大胆创新，如今毛绣的制作材料和工具已有突破，主要材料是各种家畜的皮毛，辅以大经纬纱网、剪刀、镊子、刮刀等工具。

一、制作材料

　　一件毛绣作品生动传神、栩栩如生的关键原因在于所选的动物皮毛，传统的毛绣技艺要求作品必须使用动物原皮制造，其目的是保持动物的原生态，这也是萧掌柜走南闯北选毛的根本依据所在，即所选皮毛必须高度还原野生动物本色。在萧掌柜的不懈努力下，找到了鲁西的黄牛、沂蒙山区的羊、甘肃的白牛、塔尔羊，这些家畜的毛色和毛质可以作为替代原材料，每逢夏季，在这些动物毛色最为鲜亮的时候，其整张毛皮上最长最亮的那一部分毛，称为锋毛，将其作为制作毛绣的原材料。

二、制作工具

1. 大经纬纱网

　　毛绣是将锋毛栽植到纱网上的过程，经纬纱网是一种遍布十字交叉网格的纱网（图5-9）。

2. 剪刀

　　剪刀即日常生活所用普通剪刀（图5-10），因为毛绣技艺对毛的要求极高，故所用剪刀不宜过大，小巧锋利为主。

图 5-9　萧掌柜在大经纬纱网上栽植骆驼

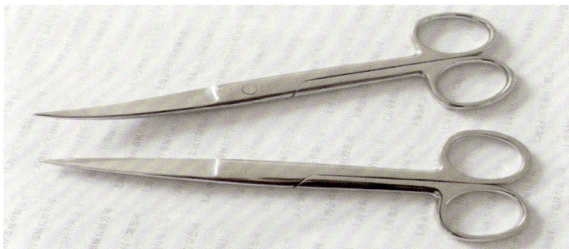
图 5-10　毛绣制作所用的剪刀

3. 镊子

镊子主要用于锋毛栽植过程，平时制作毛绣时用普通镊子即可，但针对一些细小的毛，则需要用竹制镊子。

4. 刷板尺

刷板尺（图 5-11）主要用于鞣毛阶段，主要作用是将皮毛捋顺，同时激活死毛。

5. 大小铲、刮刀、金属毛钩刷

这些工具主要用于鞣毛步骤，利用大小铲以及刮刀去除多余绒毛，同时用毛钩刷反复勾扯皮毛上的绒毛。这些工具如图 5-12 所示。

图 5-11　鞣毛所用的刷板尺

图 5-12　去除绒毛所用的各种工具

第四节　制作工艺与技法

察哈尔毛绣的制作过程极为复杂，纯手工制作，其制作流程主要包括设计、选毛、鞣毛、勾绒、栽植、外部器官及制景等工序，内部琐碎步骤更是多达几十步，十分考验艺人的基本功。

一、设计

如果我们看过玫瑰花的话，总会觉得那些玫瑰花是一样的，可事实却并非如此，若仔细分辨就会发现，虽然这些花在颜色和品种上都一样，但是它们之间依然存在着细微的差别，例如生长速度、卷曲程度等，每一朵花都有自身独有的特点。动物同样如此，在萧掌柜看来，每一个动物都有其独有的特征，都是大自然独一无二的杰作，因此，掌握细微之处是毛绣成败的关键。设计主要分为绘稿制作与腹稿制作，绘稿是指艺人反复观察动物后，利用画笔在稿纸上不断临摹的过程；腹稿是指动物形态深入人心后，直接根据脑海中动物轮廓制作毛绣的过程。为了使作品更加生动形象，动物园似乎成了萧掌柜第二个家，他端详狮、虎等动物外形外貌、生活习性，常常一坐便是半天，在此过程中，不断临摹画稿（图5-13），直至将动物的原生态面貌复刻于脑海当中，对所制作的动物了然于胸，最终达到腹稿制作的程度。

图 5-13　临摹画稿

5-14　甄选皮毛

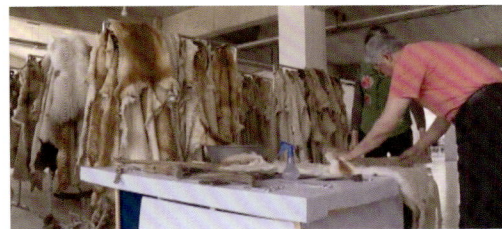

图 5-15　铺展皮毛

图 5-16　刷板尺鞣毛

二、选毛

皮毛的选择决定了毛绣作品的成败，因此，选用何种家畜皮毛由所制动物而定，标准便是在毛色、毛质、毛锋、长短等方面均要最大限度地还原真实动物的皮毛。皮毛辨色也是关键性工作，即认真观察所制动物的皮毛色彩，重点在于主要色彩、过渡色彩以及头、口、耳、肩、脖、脊、腰、臀、尾、腿、腹、趾等部位色彩。图5-14所示为萧掌柜在甄选皮毛。

三、鞣毛

选定皮毛以后，要将整张皮毛平展开（图5-15），利用刷板尺将皮毛擀平（图5-16），用以将杂乱的皮毛捋顺，同时激活皮毛的活性，以便于下一步的有效勾绒。

四、勾绒

勾绒是栽植成败的关键，若无法清理皮毛中多余的绒毛，栽植便会失败。本步骤枯燥单调，费时费力，极其考验匠人的耐心。其过程主要是利用金属毛钩反复勾扯，去掉皮毛中的绒毛（图5-17）。

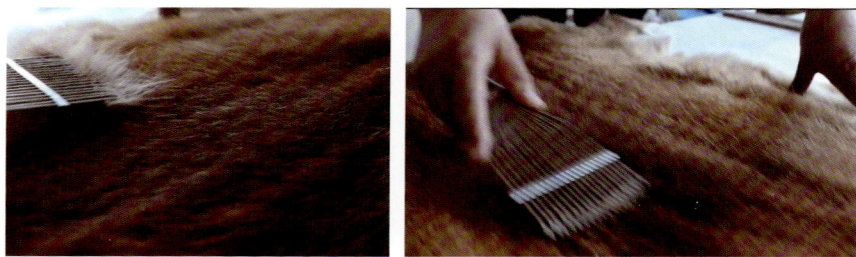

图 5-17　金属毛钩刷反复勾扯绒毛

五、栽植

栽植即将剪下的动物锋毛用镊子夹住（图 5-18），并根据"先后再前、先下后上、长短变幻、深浅过渡"的程序口诀，依次将锋毛栽植在已经设定在大经纬纱网上的动物图形里，完成动物的皮毛栽植（图 5-19）。

图 5-18　剪锋毛

图 5-19　栽植

六、外部器官及制景

极致精美的艺术品，其魅力往往体现于细节之处。所制动物雏形复现于经纬纱网上后，还需要配以对应的外部器官，主要包括眼睛、鼻子、嘴唇、牙齿、舌头、胡须、脚指甲、性器官等的制作，所用材料种类庞杂，技术手段复杂。制景即给动物配以适当的背景，该步骤看似简单，但若使作品生动传神，制作者需对所制动物的习性、栖息地、大自然的地貌有深刻理解。达到该境界的最佳途径便是深入实地勘察，亲身感受动物的生存环境，与自然心贴心地交流。因此，若想成为一位优秀的毛绣手工艺大师，绝非一日之功。

第五节　工艺特征与纹样

一、古老传统与庄重的祭祀礼仪

在我国民族手工艺中，察哈尔毛绣以其独有的祭祀仪式独树一帜，古老传统与庄重虔诚是其完美的诠释，体现了蒙古族崇尚自然、敬畏生命、保护生态的优良品德。毛绣祭祀带有明显的萨满时代色彩，只是其没有大型的祭司表演和隆重的宗教仪式而已。祭祀的主要目的，就是让被祭祀动物的形态和神韵印烙在祭祀人的意识里，以便于让它在毛绣制作中真实再现。毛绣祭祀主要包含三大程序，其一是祈神，即以敬香的方式，祀求长生天、大自然和众神来帮助实现生命回归的目的；其二是招魂，即以供奉兽毛的方式，将失落的灵魂招徕回来，这种方式同样应用在人类、动物和植物上；其三是发愿，即以誓词的发愿方式，立誓持之以恒、克服困难，来实现生命再造的全过程。图5-20所示为祭祀时用的祭祀牌，图5-21所示为进行祭祀仪式，表5-2所示为察哈尔蒙古族毛绣制作在祭祀时参考的二十八星宿与动物的对应表。

图 5-20　祭祀牌

图 5-21　祭祀仪式

表5-2　察哈尔蒙古族毛绣制作时二十八星宿祭祀对应表

星辰名	日	月	金	木	水	火	土
东宫（青龙）	角	亢	氐	房	心	尾	箕
动物名	兔	狐	蛟	龙	虎	貉	豹
星辰名	日	月	金	木	水	火	土
南宫（朱雀）	井	鬼	柳	星	张	翼	轸
动物名	鼠	燕	獐	豸	猪	蝠	焦
星辰名	日	月	金	木	水	火	土
西宫（白虎）	奎	娄	胃	昴	毕	觜	参
动物名	鸡	鸦	狼	狗	猴	雉	猿
星辰名	日	月	金	木	水	火	土
北宫（玄武）	斗	牛	女	虚	危	室	壁
动物名	马	鹿	豻	羊	蛇	獐	蚓

二、以毛绣为镜、映织绣之美

传统织绣技术的精髓被毛绣完美诠释，展现了马背民族独有的原始工艺美。传统织绣是民间生活的缩影，它吸收了历代织绣艺术精华，并融入了民族的文化烙印，以传统的手工方式制作，体现了劳动者的生活气息和审美需求，从女红传说伊始，到日出而作、日落而息的惬意；从春天的盈盈绿意到秋天的喜获丰收，再与各种民间传说、图腾拜祭悄然相遇，织绣文化处处可见历史车轮滚动的痕迹。毛绣最初起源于织毯艺术，织绣所具有的特点均在毛绣上得以映射，在一幅幅生动的毛绣作品上，更多体现的是马背民族的生活，如若用心体会、深入观察，似乎可见到匹匹骏马在风霜雪雨的大草原上忍受酷暑、抵御严寒，看到牧民策马扬鞭、群马浩浩荡荡的波澜壮阔，广袤的草原、勤劳的人民、马背民族的精神（图5-22）。

图 5-22　毛绣作品《骠骑烈马》

三、草原文化的璀璨结晶

翻开历史的卷轴，悠久的中华文明具有浓墨重彩的一笔，厚重的历史下无数文明在默默谱写自己的华章。黄河、长江与草原横亘于中华大地，却又不失默契地孕育了璀璨的文明。毛绣这一极具有民族特色的手工技艺，与草原文化血脉相承。草原文化中蕴含丰富的生态、自然、人文等思想，毛绣的制作生动地复原了动物的原生态，将草原的精华体现得淋漓尽致。但是工业革命的到来，却给源远流长的草原文明增添了点点黑斑，显著的白色污染，导致平均每天都会有一个物种消失，如果不加紧保护，不久的将来也许诸多珍稀动物仅存在于回忆当中，而毛绣则能唤醒人们的生态保护意识，让人们更珍惜地球上现有的物种，自觉地保护大自然赐予我们的一切。

第六节　作品赏析

　　走进萧掌柜的毛绣艺术馆（图5-23），仿佛置身于动物世界，丝丝原生态气息扑面而来，一幅幅生动的作品所迸发的鲜活生命力深深触动着到访者的神经。动物是毛绣作品的主体与灵魂，其中尤以野生动物题材居多，除常见的虎、狮、豹等作品外，更不乏早已灭绝的远古生物。本节所呈现的作品，其锋毛取材来源于马、牛、羊、鹿、犬等家畜。接下来便让我们走进毛绣这扇大门，跟随绝艺掌柜的脚步，探寻动物的秘密。

图 5-23　集宁古戒毛绣艺术馆

一、灭绝动物系列

　　萧掌柜根据相关资料的记载，欲对1万年前和工业革命300多年以来灭绝的300多种动物进行复现，作品立意多为"环保"，旨在唤起人们的生态保护意识。图5-24所呈现的《亚洲猎豹》，在意大利米兰世博会上获得生态艺术金奖。这类猎豹主要栖息于半干旱沙漠或空旷草原和浓密的丛林中，这也是该作品取景于荒漠的原因。亚

图 5-24　《亚洲猎豹》

洲猎豹身长1.4~1.5米，高约1米，重一般在50~60公斤，皮毛短而粗糙，为棕褐色，并散布着小而圆的黑斑，腿长身瘦，两道黑色条纹分布于鼻子两侧，可惜于1948年灭绝。整幅作品呈现出一种猎豹受到威胁因而惊慌失措之感，地上斜插的箭矢、空中飞来的子弹乃是点睛之笔，从而突出生态保护的立意。

图5-25所示《灭绝的新疆虎》作品，沙漠边缘的绿洲、塔里木盆地、塔里木河均是新疆虎的活动区域，体重平均100公斤，由于久居干旱之地，其皮毛颜色较浅，通体呈现一种淡黄褐色，横斑纹遍及全身，它独来独往，时常活动于芦苇及灌木丛中，白天在密林中休息，夜晚捕食，遗憾的是该物种于1972年2月被国际老虎保护组织公布灭绝。该作品中呈现的便是新疆虎夜间潜伏，发现猎物蓄势待发的形态，作品活灵活现，表情细腻传神。

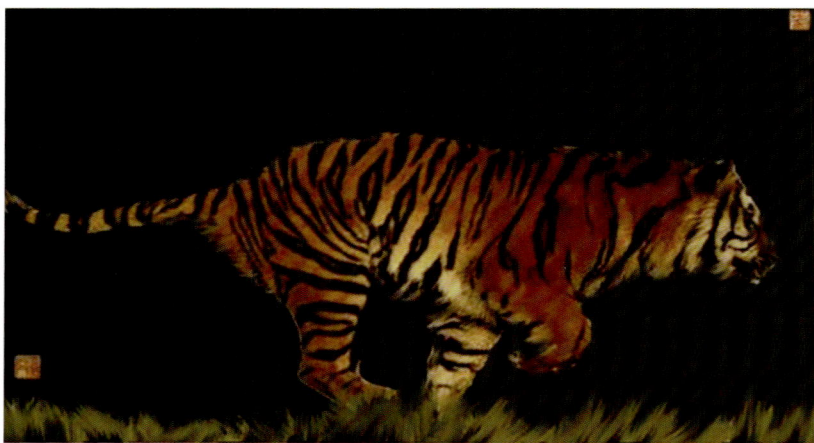

图5-25　《灭绝的新疆虎》

二、野生动物系列

图5-26展示的是一只滇金丝猴，脸部呈深蓝色，侧身及手足多为灰黑色，眉间长有一撮黑色冠毛。该物种主要活动于海拔3000米高的地方，并以针叶林植物嫩芽、幼叶为食。该作品最摄人心魄的便是滇金丝猴眼中透露出的那一丝希冀，给人以强烈的呵护之感。

图5-27展示的是一只美洲狮，其身型匀称，近似花豹，头骨较小且身体无花纹，全身色彩单一、感官发达。该物种环境适应性极强，除热带雨林外，各地均能发现其活动足迹。作品呈现的是一只雪地中的美洲狮，它貌似在细细打

图5-26　《滇金丝猴》

量眼前所见之物，眼神中更多的是一种好奇而非攻击，原因在于美洲狮的性格较为温顺，一般情况下它不会主动攻击人类，素有"人类之友"的美誉。

图 5-27 《美洲狮》

图 5-28 和图 5-29 的作品主题是"母爱"。图5-28展示了母狮口叼幼师的画面，仿若家长管教在外疯跑的孩子，虽一脸无奈，但满是宠溺，小狮稚嫩的脸庞满脸的不甘；图5-29描绘了母子湖边饮水画面，可以看出小狮身子太小，想喝水却喝不

图 5-28 《母子同行》

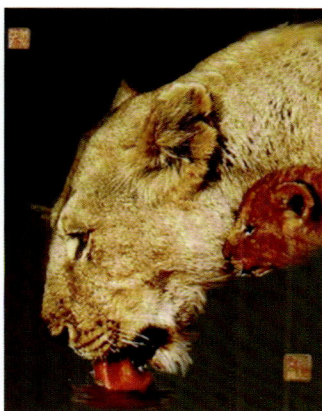

图 5-29 《母与子》

到，便紧靠母亲满脸撒娇的亲昵模样。两幅作品的画面如此温馨，向我们展示了动物世界里的脉脉温情。

除了狮、虎、豹等作品外，还有诸如盘羊（图5-30）、大猩猩（图5-31）、白鹮（图5-32）、梅花鹿（图5-33）、长颈鹿（图5-34）等绝美作品，此类作品的主要用

图 5-30 《盘羊》

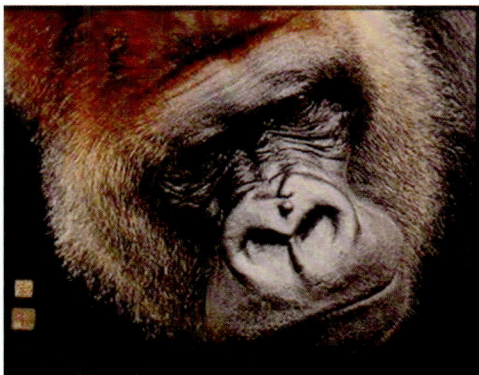

图 5-31 《大猩猩》

图 5-32 《白鹦》

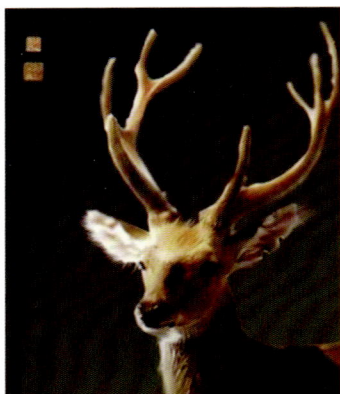

图 5-33 《梅花鹿头》

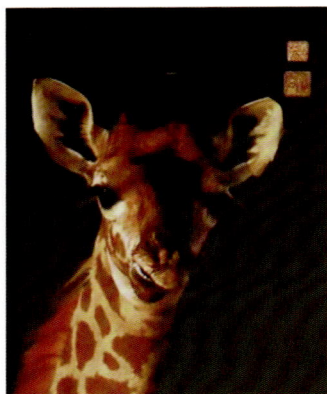

图 5-34 《长颈鹿头》

意便是唤起人类生态保护的意识。

三、家禽宠物系列

蒙古族是马背上的民族，因此马是毛绣不可或缺的元素，展现了蒙古族洒脱不羁、肆意奔放的豪迈性情。图5-35所示的作品描绘的是一匹草原上肆意奔腾的骏马，在太阳余辉的映衬下，自由不拘的气息扑面而来。图5-36所示的作品描绘的是一只食草的白山羊，湛蓝的天空、浅绿的青草，勾勒出了一副静谧和谐的唯美画卷。其他诸如兔子（图5-37）、牛（图5-38）等动物，除了以上寓意外，还可作为友人间互赠的生肖礼物。

图 5-35 《蒙古黑马》

图 5-36 《山羊》

图 5-37 《白兔》

图 5-38 《牛》

第七节　传承人专访

为深入了解察哈尔毛绣，笔者来到位于乌兰察布市集宁古城的毛绣艺术馆，专程拜访毛绣传承人萧掌柜，针对我们的疑问，萧掌柜给予了细致的讲解。

一、请问您制作毛绣的初衷是什么？

萧掌柜：因为毛绣技艺对基本功要求颇高，加之需要艺人投入大量时间去打磨作品，所以传承现状不容乐观，但是察哈尔毛绣是优秀的传统手工艺，我不想看到它就此蒙尘，最终只能进入博物馆，我想将它一代一代传下去，保住这一民族瑰宝。与此同时，由于人类疆域不断扩张，导致大量野生动物的栖息地遭到破坏，更有甚者为了满足自己的私欲对保护动物进行大肆捕杀，工业的迅速发展也在一定程度上导致了生态系统的失衡。因此，我做毛绣另外一个初衷便是增强人们对生物多样性的意识，承担起生态保护的责任。

二、请问毛绣工艺师需要掌握何种基本功？

萧掌柜：毛绣制作要求的知识面较广，其中最基本也最重要的技能便是素描。毛绣的创作并非仅是一件作品的问世，它是一整个生命再现的过程，每个人对艺术的感悟不同，对作品的理解也复杂多维，素描的过程，便是工艺者根据素描对象，将所绘制动物有机的运动和奇特的次序融入自身情感世界的艺术再造。毛绣的素描过程大致分为三步，其一是先用圆形、柱体和椭圆形等画出动物的基本形态；其二是画出动物皮毛的轮廓；其三是增加眼睛、耳朵上皮毛等细部素描。

三、您认为如何才能制作出一件传神的作品？

萧掌柜：一件作品所展现出的神韵早在制作前就已确认，成品不过是内心感觉的复现，这种感觉若是不符合动物本身的特点便会显得不伦不类。所以制作毛绣之前，必须先对所制动物有深刻的了解。以草原狼的制作为例，艺人必须了解狼的家族地位、交流方式及肢体语言的含义，狼的等级阶层分明，不同地位享有不同待遇，由此而表现出的神态也独具特色。当狼处于自然放松时，眼睛睁得很大，但不眯眼，耳朵方向可向前也可朝后，不紧绷且呈舒展状态，嘴唇放松。当狼呈现挑衅姿态时，会竖起各部位的锋毛，同时伴有夸张的腿部挺直，尾巴高高翘起，背部呈拱桥状姿态。此间种种，都需要手工艺者进行深入了解，只有将动物的"精、气、神"镌刻在脑海当中，制作毛绣时才能拿捏有度，随心所欲。

四、请问您作品中的动物栖息地景物如何绘制？

萧掌柜：以野草的绘制为例，第一步要绘制出自然的底色，即选择一些秋冬季的黄草，将其按设计粘接在纸板上，在调色板上将红棕色与少量佩恩灰混合，用大号圆头笔擦刷草的表面，在颜料未干时，按草生长的方式，用funny笔给颜料增加质感；第二步是添加细节，即在调色板上调合白石膏粉和黄赭色颜料，按草的生长方式用笔尖好的小号圆头笔为草添加细节；第三步是进一步精加工，再加上一笔红棕色与黄赭色，然后用小号笔蘸佩恩灰，在某些草叶的周围和后面，主要是草根部增加暗部；第四步是完善最后细节，主要为增加草的浓度及体积。

五、请问政府对毛绣工艺有什么政策支持？

萧掌柜：非物质文化遗产体现了一个地区或一个国家深厚的文化积淀，其重要性不言而喻。因此，乌兰察布市委市政府对本地的非遗保护工作一直予以高度关注和支持，具体体现在不断健全和完善非物质文化遗产名录，同时完善非遗保护机制，鼓励各界人士深度挖掘有价值的非物质文化遗产，通过电视、海报、广播等方式不断宣传非遗的重要性，增强群众对非物质文化遗产保护的自觉性，营造良好的保护氛围。与此同时，尝试建立非遗IP，将其与旅游资源相结合，以期产生良好的经济效益。在这种环境下，有利于毛绣的良好发展，在察右后旗旗委、旗政府文化建设大局中可见到毛绣的身影。

六、请问您对毛绣未来的发展有何构想？

萧掌柜：传统手工艺的发展必须紧跟时代潮流，创新是当今的主旋律，因此将毛绣与现代高新技术相结合便是我的发展方向，它最终将以主题公园形式呈现于大众眼前，公园内的主角则是早已灭绝的各种野生动物，届时动物大多置于户外，因此防水、防晒、防腐等问题必须考虑。与此同时，为增加主题公园趣味性，动物的智能化也不可忽略，场地问题也是关键因素之一，因此该构思的实现还需仰仗于各个机构、研究所的大力支持，同时也离不开政府的鼎力相助。一旦该项目落地，我相信对于毛绣的传播将会起到极为有利的推动作用。

第八节　传承现状与对策

　　毛绣作为蒙古族一门古老的传统手工艺，百年前曾是王公贵族的挚爱之物，备受推崇，是彰显身份地位的象征，一般民众仅把毛绣作为尊贵的艺术品。如今其影响力却非常有限，甚至在蒙古民族内部许多人对其都闻所未闻，仅靠萧掌柜一人，确实是独木难支，同许多非物质文化遗产现状类似，毛绣也陷入了艺术传承与资本逐利的困境。

一、传承现状

　　毛绣技艺的产业链大致可分三个环节，即上游原材料供应、中游加工生产、下游宣传经销。经过萧掌柜多年的不懈努力，原材料问题已经得以解决，因此当前问题主要集中在中、下游端。中游关键要素一是核心人才，二是建厂，人才是产品特色的保证源头，解决传承人群数量和质量问题迫在眉睫；建厂的目的在于实现规模化生产，将毛绣制作的部分过程尽量辅以机械手段，每一步骤配备专业化人才，实现流水化生产的同时保留手工特色，以期提高生产效率。多渠道的宣传和多样化营销模式的引入目前是下游端的问题所在。

1. 后继无人、传承难续

　　虽然大多传统非物质文化遗产传承现状不乐观，但是依然零星分布于全国，毛绣与之不同，它是一门极危的非物质文化遗产项目，目前仅有萧掌柜的家族及其为数不多的弟子掌握全套技艺，销售渠道主要为政府订购及私人定制，总共十几人的团队在支撑着毛绣的大梁，传承形势极为严峻。此种境况的成因主要有如下三点：

　　首先，毛绣技艺本身的属性特点，决定从艺者必须拥有极强的美术、生物等基本功，仅此一条便将诸多人置于门槛之外；其次，前来拜师学艺的虽然不乏其人，但其中青壮年学员学习热情难以延续，劝退原因集中于一时兴起或者养家糊口的生活重担，中老年学员虽然态度相对端正，无奈身体机能退化、学习能力下降等客观因素使得学习道路坎坷颇多；最后，物欲横流的时代，处处充满着诱惑，"耐得住寂寞"似乎与时代格格不入，而这正是从事非物质文化遗产事业的必备品质之一，太多的人难以忍受孤独乏味乃是毛绣技艺难以传续的更深层原因。萧掌柜作为一名手艺人，虽然有很多困难，但毛绣这条路，他最终走了下来，也许这就是信仰的力量，是令人折服的工匠精神，传承无果，大抵是如今的人缺乏此种坚持。以上种种，致使毛绣技艺无法持续获得新鲜血液的供给。

2. 宣传不足、销售渠道单一

"酒香不怕巷子深"已不是这个时代的主旋律，信息爆炸的年代更需要特色吸引消费者的眼球，传统手工艺术品优势在于产品本身便是特色，无须特殊的包装噱头。因此，提升毛绣的名气将是其走向大众市场的关键一招。毛绣的宣传痛点主要体现在两方面，其一是毛绣文化的宣传力度欠佳，毛绣作为蒙古民族一项传承久远的优秀手工艺，如今其名声却连族内人民都知之甚少，更遑论走向全国；其二便是销售渠道的相对单一，多元化的销售策略迫在眉睫。两大痛点相互制约，成为毛绣走向大众的掣肘。

3. 产业化与传神作品矛盾难以调和，产业难建

产业化是非物质文化遗产快速发展的有效途径之一，但目前的毛绣却不适用于此条路径。一件成功的作品不仅是对所绘制动物的复现，其中更是倾注了作者的所思所想，如果进行产业化，可将产品生产链分割，利用机械化手段实现批量生产，但是不同的人对动物的不同理解以及倾注的感情造成了毛绣制作的不可分割性。一件优秀的毛绣作品不缺乏销路，但其制作难度大、制作周期长等特点，致使订单量一旦激增，手工艺者就分身乏术。产品规模化与传神作品之间的矛盾难以调和，这也是萧掌柜早年间创业，工业化生产手工艺品失败的原因所在。

二、建议对策

1. 完善人才保护机制，壮大传承力量

通过对毛绣现状的分析，了解到阻碍其发展的最大问题是人才的缺乏，大量新鲜血液的注入可使传承延续。首先，经济基础是非物质文化遗产传承的极大掣肘，保护并吸引人才的核心关键在于确保其经济上的安全感，因此政府应当出台相关政策刺激并吸引有志于投身毛绣发展的人才，例如，以项目的形式加大对人才的支持力度，通过提高传承人的物质补助、社会地位和改善工作环境的方式提升传承人待遇，提高行业吸引力，壮大传承人队伍。其次，要促进人才产业化。每一件毛绣作品都具有独一无二的特点，纯手工艺特点更加决定其产业化实现的难度，因此毛绣的产业化不应体现在生产链方面，而应落脚于人才的产业化培养。第一步应采取各种宣传手段使毛绣广为人知，吸引大量爱好者、有志之士加入毛绣学习的大家庭，这一点的实现不仅需要传承人的努力，更加仰仗政府与媒体的推动，将人聚集起来后；第二步应建立系统的毛绣学习课程，线下采取培训班的形式，线上采取直播、公开课形式，两者相互结合共同推动学习和实践的广泛性和效果；第三步则是通过考核、比赛、专项资金等方式保证学习者的热情和持续性。最后，通过产学研合作路径，高校设立毛绣制作选修课程，聘请毛绣传承人进入课堂，采用专创融合的教育与研究等一系列措施，使毛绣与创新创业、产业化课程相融合，以打造一支爱毛绣、能策划、懂经营、有干劲、善管理的复合型人才队伍。

2. 拓宽宣传途径、更新营销策略

网络技术日新月异的发展催生了新型的信息交互渠道，如抖音、微视频等大量短视频应用如雨后春笋般应运而生，借助信息媒介不仅可以拓宽销售渠道，更可以使毛绣的知名度迅速提升，一件事物只有被人熟知后，才具有快速扩张的可能。因此，毛绣应积极利用移动多媒体、数字出版等新技术手段，以影像化、数字化、立体化等多渠道体验模式代替原有的单一现场体验模式，例如，传承人可入驻短视频平台，以直播的方式向大众展示毛绣的制作全貌，吸引更多的人了解、喜爱和购买。还可以将毛绣录制为对应课程，通过线上公开课方式增强毛绣文化的影响力。这样通过线上、线下互补方式做好广告宣传，打破地域之间的界限，提高毛绣产品的知名度，同时开辟新的销售渠道，搭建跨地域大型电商网络平台，推动其更快、更多地走向大众市场。

3. 政府规范引导、促进产业化进程

毛绣产业化进程需由政府牵头，并组织权威专家开展深入考查，根据毛绣的产品化可行性指标（产品创新、生产企业化、统一质检、专利保护）以及商品化指标（功能价值、社会价值、情感价值、认知价值、条件价值）两大维度进行宜产性评估。与此同时，政府应给予一定的场地、培训、贷款、税收优惠等，重点实施保护、管理，并大力鼓励毛绣工坊、公司进行产业化模式探索，聚焦于毛绣品牌的文化内涵提炼与附加值开发，以数字技术手段为媒介，开创性地将新型产业与毛绣相结合，从而丰富毛绣的内涵，拓宽其外在表现形式，将消费者的品位与产品价值相匹配，进一步打开消费市场，逐步推进产业链的形成，以期形成具有品牌特色的产业集群。

第六章

蒙古族摔跤服制作技艺

蒙古族摔跤服是蒙古族摔跤手在搏克比赛时穿着的专门服饰，制作精美、内涵丰富，是蒙古族人民智慧的结晶。2008年12月，由锡林郭勒盟群众艺术馆申报的"蒙古族摔跤服制作技艺"被列入首批锡林郭勒盟级非物质文化遗产代表性项目名录。2009年6月，"蒙古族摔跤服制作技艺"被内蒙古自治区列入第二批自治区级非物质文化遗产名录，名录类别为传统技艺（表6-1）。2010年3月，姜继来被锡林郭勒盟文化体育局认定为盟级代表性传承人（图6-1）。2010年6月，姜继来被内蒙古自治区文化厅认定为自治区级非物质文化遗产项目"蒙古族摔跤服制作技艺"的代表性传承人（图6-2）。

表6-1　蒙古族摔跤服制作技艺

名录名称	蒙古族摔跤服制作技艺
名录类别	传统技艺
名录级别	自治区级
申报单位或地区	锡林郭勒盟群众艺术馆
自治区级代表性传承人	姜继来

图 6-1　内蒙古自治区盟级非物质文化遗产
代表性传承人证书

图 6-2　内蒙古自治区级非物质文化遗产
代表性传承人证书

第一节　起源与发展

一、蒙古族摔跤服制作技艺的起源

蒙古族是典型的游牧民族，特有的生产方式和狩猎方式决定了他们经常要驯服牛、马等牲畜，还要与难以预料的自然灾害、恶劣气候和凶猛的野兽搏斗。草原上的人们要在恶劣环境中生存、迁徙、繁衍和壮大，必须具备强壮的身体和顽强的抗衡能力，由此形成了蒙古族特有的摔跤运动——搏克。"搏克"的蒙古文意思是结实、团结、持久，汉语译为"摔跤、角力"，史书中又称"角抵"。

搏克作为蒙古族传统的体育娱乐活动之一，是蒙古族男儿"三艺（摔跤、赛马、射箭）"之首。据近代方志记载："肇自古昔，为蒙古最嗜之游戏，今则盛行于北蒙古，若逢鄂尔博祭日，则必举行此技，角者著皮革之单衣，跨长靴，东西各一人，登场而斗，以推倒对方为胜。族长及王公临而观之，授胜者以奖品，平时则其部之少年，集二、三人而行之。"这说明蒙古族人不但在那达慕和祭敖包时进行搏克运动，平时也三五相聚，搏击为乐。

蒙古族摔跤服与蒙古民族搏克运动相伴而生，按蒙古族的传统要求，蒙古族搏克选手参加比赛时要穿着专门的搏克服饰。蒙古族摔跤服主要包括："邵德格（跤衣）"，即用香牛皮制作的短袖坎肩；"班色勒（跤裤）"，用白布制作的肥大摔跤裤，以及饰以刺绣图案的套裤；"章嘎（项圈）"，脖子上佩戴的彩色项圈，是摔跤手比赛获胜的象征物；"希力布格（彩裙）"，腰间系的红、黄、蓝三色绸彩裙。其中，以"邵德格（跤衣）"最具特色。蒙古族摔跤服中"邵德格（跤衣）"的形制是从古代武士的铠甲演变而来的，能够很好地保护选手在摔跤过程中不受伤害。金启孮在《中国式摔跤源出契丹、蒙古考》一文中指出：1931年在辽的东京遗址（今辽宁省辽阳市）出土的八角形辽代白色陶罐上绘制了契丹小孩摔跤的形象，为契丹摔跤服装提供了非常具体可靠的资料。陶罐上所画的契丹小孩穿着无袖短衣，皮制的可能性很大，这种无袖短衣正是现在蒙古族摔跤服"邵德格"的前身。

二、蒙古族摔跤服制作技艺的发展

蒙古族摔跤服制作技艺的历代传承人见表6-2，内蒙古自治区、锡林郭勒盟、东乌珠穆沁旗都有不同级别的代表性传承人。

表6-2　蒙古族摔跤服制作技艺传承人

姓名	性别	民族	出生年份	级别	传承方式	居住地址
姜继来	男	汉族	1956	自治区级盟级	师传	内蒙古自治区锡林郭勒盟锡林浩特市
闫锡峰	男	汉族	1959	盟级	师传	内蒙古自治区锡林郭勒盟锡林浩特市
阿拉腾宝力道	男	蒙古族	1982	旗级	家传	内蒙古自治区锡林郭勒盟东乌珠穆沁旗
斯琴	男	蒙古族	1974	旗级	家传	内蒙古自治区锡林郭勒盟东乌珠穆沁旗

2010年，姜继来（图6-3）被认定为内蒙古自治区级和锡林郭勒盟级传承人。他于1996年组织了一批原锡盟制革总厂的下岗师傅成立了锡林郭勒盟蒙古赤牛跤衣厂，从事蒙古族摔跤服的生产制作以及技艺传承工作。二十年余年来，姜继来本着保护、创新、弘扬蒙古族搏克跤服制作技艺的传承精神，在摔跤服制作工艺的改进方面投

入了大量的时间和精力，并积极培训厂里的师傅学习跤衣制作的新工艺。2015年，锡林郭勒盟蒙古赤牛跤衣厂的跤衣制作师傅闫锡峰（图6-4）被评为锡林郭勒盟级传承人。表6-3所示为传承人姜继来所获荣誉。

图6-3　姜继来

图6-4　闫锡峰

表6-3　传承人姜继来所获荣誉

获得时间	奖项说明	颁奖单位	证书展示
2009年8月	作品《铜牌搏克跤衣》在"全盟首届农牧民书画、摄影、民族民间手工艺品展览"中荣获三等奖	锡盟党委宣传部，锡盟文化体育局	
2013年4月	获评"搏克运动特殊贡献者"称号	锡林郭勒盟农牧民体育协会，锡林郭勒盟搏克协会	
2015年11月	被评为锡林郭勒盟非物质文化遗产优秀传承人	锡林郭勒盟文化体育新闻出版广电局	
2016年8月	参加"创业锡林"民族工艺美术大赛的《搏克跤衣》作品获得优秀奖	锡林浩特市人民政府	

随着非物质文化遗产保护观念的不断深入，作为第四批国家级非物质文化遗产项目"蒙古族搏克"保护单位的东乌珠穆沁旗文化馆，依托当地搏克运动的蓬勃发展，于2020年9月申报的"蒙古族摔跤服制作技艺"被列入第六批锡林郭勒盟级非物质文化遗产代表性扩展项目。2021年6月，阿拉腾宝力道和被认定为东乌珠穆沁旗非物质文化遗产"搏克跤服制作技艺"的代表性传承人（图6-5），斯琴也被认定为东乌珠穆沁旗非物质文化遗产"搏克跤裤制作技艺"的代表性传承人（图6-6）。

图 6-5　阿拉腾宝力道及其旗级非物质文化遗产代表性传承人证书

图 6-6　斯琴及其旗级非物质文化遗产代表性传承人证书

第二节　风俗趣事

一、心目中永恒的英雄

蒙古族的搏克运动历来提倡人人平等、不畏强暴、不欺凌弱小的价值观念，搏克手们往往会通过参与搏克比赛达到消除隔阂、忘记仇恨、增进友谊、加强团结的目的。因此，即使大多数摔跤手从开始就知道自己与冠军无缘，还是会全心全意地投入这项运动中。蒙古族搏克比赛的摔跤手出场时，会跳独具气势的狮舞或鹰步舞，唱雄浑高昂的摔跤歌，歌词大意是："来吧，无畏的健将们，为了健康入场来摔跤吧。考验我们的意志，较量我们的力量的时候到了！"蒙古族人会把那些身体强壮、技术娴熟、智慧超人的搏克手当作心目中永恒的英雄。

二、伴随生涯，持续传递

　　每位成年的蒙古族搏克手都会穿着按自己体型量身定制的"邵德格（跤衣）"，它伴随主人的整个摔跤生涯。所以，搏克手们都异常珍惜自己的"邵德格（跤衣）"，如果搏克手年老不再上场了，就要举行仪式将"邵德格（跤衣）"传给下一辈或徒弟，有的也传给自己看中的有前途的年轻人。在素有搏克故乡之称的乌珠穆沁有这样的歌词："搏克的依靠，是跤衣和抓头；孩子的依靠，是阿爸和额吉。"

第三节　制作材料与工具

一、"邵德格（跤衣）"的制作材料与工具

（一）制作材料

　　"邵德格（跤衣）"的制作材料主要有香牛皮、泡钉、铜镜、帆布。

1. 香牛皮

　　香牛皮是挑选上好的牛头层皮，以香油浸泡而成的皮革材料。不同于普通的牛皮，香牛皮韧性大、强度高，用它制作的跤衣更加结实耐用。

2. 泡钉

　　用于装饰跤衣的泡钉（图6-7）直径一般在1厘米左右，材质以铜为主，按照颜色可分为白铜、黄铜、红铜，白铜泡钉应用最多。现在为了节约成本，也会使用不锈钢材质的泡钉代替传统的铜制泡钉。

3. 铜镜

　　蒙古族跤衣通常会在后背中间位置镶嵌一块圆形铜镜（图6-8），直径4~5寸，上面刻有装饰性纹样。

图6-7　泡钉

图6-8　铜镜

4. 帆布

　　帆布是一种较粗厚的棉织物或麻织物，坚牢耐磨，用制作于跤衣的内里。

（二）制作工具

"邵德格（跤衣）"的制作工具主要包括剪刀、蜡块、钩锥、钳子、打孔钉、锤子等。剪刀（图6-9）用于裁剪牛皮、剪断缝线。蜡块（图6-10）用于给缝线打蜡，让线更顺滑结实，不易开衩。钩锥（图6-11）尖部带有凹槽，木制手柄便于施力，能够钩住较粗的缝线穿过结实的香牛皮。当阻力较大针线难以穿透时，需要用钳子（图6-12）予以辅助。打孔钉（图6-13）和锤子（图6-14）搭配使用，用于在牛皮上打孔定位，便于后续上泡钉。

图 6-9　剪刀

图 6-10　蜡块

图 6-11　钩锥

图 6-12　钳子

图 6-13　打孔钉

图 6-14　锤子

二、"班色勒（跤裤）"和套裤的制作材料与工具

"班色勒（跤裤）"的制作材料和工具比较简单，主要包括棉布、剪刀、缝纫机和晾架。套裤的制作材料主要包括面料以及绣线、糨糊（或黏合衬）等辅料。制作工具主要有绣花针、缝纫机、剪刀、熨斗等。制作"班色勒（跤裤）"的面料种类繁多，各种不同颜色和质地的棉布、绸缎、绒布等布料，均可用于制作跤裤。绣线主要包括丝线和彩绳，丝线（图6-15）用于固定贴花边缘、绣制图案，彩绳（图6-16）用于对贴花的交界处进行装饰。

图 6-15　丝线

图 6-16　彩绳

第四节　制作工艺与技法

一、"邵德格（跤衣）"的制作工艺与技法

"邵德格（跤衣）"的制作流程主要包括裁剪、上泡钉以及合成三个步骤。

（一）裁剪

裁剪（图6-17）是跤衣制作的第一步。要根据摔跤手的身高和体重确定尺寸合适的样板，然后依照样板对衣身、袖子、领口、下摆等各个部位进行裁剪。

（二）上泡钉

裁剪完成后，使用打孔钉和锤子在领口、袖口、下摆等需要泡钉装饰的部位进行打孔（图6-18），要确保孔位距离均匀，疏密得当。然后将泡钉从牛皮正面穿入，在牛皮反面安装固定片，应当注意使泡钉与牛皮结合紧密、牢固（图6-19）。

（三）合成

合成（图6-20）是指将处理好的各部分衣片缝合在一起。缝合时的针码为每厘米缝3针，确保针脚均匀美观。合成时，牛皮边缘裸露在外的位置需要用皮条进行裹边处理。

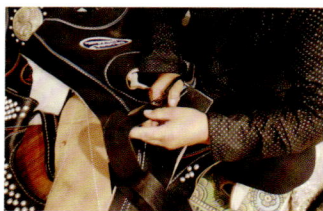

图6-17　裁剪

图6-18　打孔

图6-19　上泡钉

二、"班色勒（跤裤）"和套裤的制作工艺与技法

（一）"班色勒（跤裤）"

跤裤的制作主要包括缝制和上褶两个步骤。班色勒（跤裤）的造型宽松肥大，摔跤手穿着时将腰部抽绳系紧即可。因此，班色勒（跤裤）的制作不需经过特殊裁剪，统一采用10米长的白色棉布，通过缝纫机或手缝针缝合成宽大的裤子。然后将缝好的裤子用水完全浸湿后，扯住裤腰和裤脚两端旋拧至最紧，两端分别用绳子系住，固定在专门的晾架上（图6-21），放在阴凉通风处晾至干透。制作完成后的班色勒（跤裤）不穿用时，应当按照褶皱方向拧紧保存，防止褶皱减少（图6-22）。

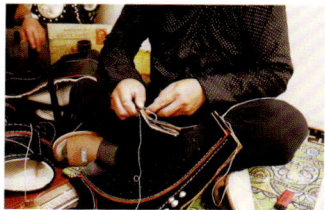

图6-20　合成

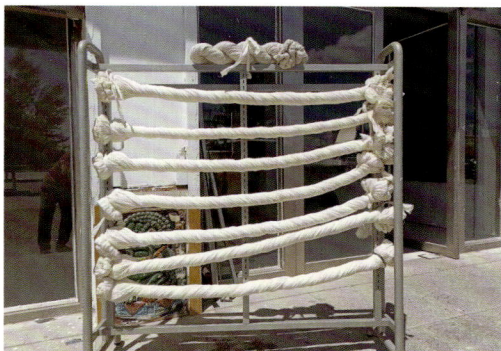

图 6-21　固定在晾架上的跤裤

图 6-22　跤裤的保存

（二）套裤

　　套裤的制作包括设计、裁剪、固定、绣制、合成 5 个步骤。设计是在纸上绘制纹样，不同的中心图形和边缘纹样可以自由排列组合（图 6-23）。裁剪包括两步：一是将裤片的底布裁好；二是对照设计好的纸样，将各纹样的贴花布料剪下来（图 6-24），图 6-25 所示为裁剪好的贴花。固定（图 6-26）是指在贴花的背面贴上黏合衬或者刷糨糊，然后将其黏合在底布上。绣制是用绣线对贴花边缘进行装饰，或绣制图案的过程。合成（图 6-27）是套裤制作的最后一道工序，将修好纹样的裤片缝合在一起，再缝上固定套裤的系带即可。

图 6-23　设计纹样

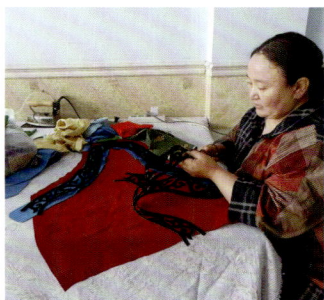

图 6-24　裁剪

图 6-25　裁剪好的贴花

图 6-26　固定

图 6-27　合成

第五节　工艺特征与纹样

　　蒙古族摔跤服以原始朴素的方式诞生，并且在长期的实践中不断完善，是蒙古族人民生活智慧和文化意识的具体表现。作为蒙古族独特的手工制作服饰，蒙古族摔跤服的制作集皮革工艺、刺绣工艺于一身，蒙古民族的传统手工艺在它身上得到了充分的体现。蒙古族摔跤服的图案是蒙古族人民将日常生活中的鸟兽牲畜、草原流水等加以概括、提炼、取舍，并赋予相应的想象和创造得来的，反映出蒙古族人民独特的审美特点。

一、"邵德格（跤衣）"的工艺特征与纹样

　　"邵德格（跤衣）"为裸臂、盖背、虚腋、袒胸、秃领的短衣，制作考究、质地坚韧、精致美观，并且能够有效地起到保护摔跤手的作用。

（一）泡钉

　　在"邵德格（跤衣）"的领口、袖口、下摆、腋下处，通常镶嵌256枚或516枚铜制泡钉，每一枚泡钉象征一名参加比赛的摔跤手，以此表示蒙古族摔跤手对于对手的尊重。泡钉均匀排列在跤衣的边缘，除去美观和象征意义外，还限制了跤衣的弹性，使其质地更加坚韧结实，又能够防止摔跤手在比赛中因手部出汗难以抓拿，易于摔跤手施展技艺。

（二）铜镜

　　"邵德格（跤衣）"后背中心位置通常以圆形铜镜或皮质蒙文图案进行装饰。铜镜上的錾花图案主要有麒麟、狮子、龙、虎、鹰等凶猛动物（图6-28），以此显示摔跤手的威武气势。蒙古文篆字纹样主要有摔跤手的姓名、家族姓氏、居住部落名称等，充分展现了蒙古族人对祖先、对家族的忠诚和归属（图6-29）。

| 麒麟纹 | 狮子纹 | 龙纹 | 虎纹 | 鹰纹 |

图6-28　动物纹样铜镜

图 6-29　蒙古文篆字

二、"班色勒（跤裤）"和套裤的工艺特征与纹样

造型独特的"班色勒（跤裤）"和色彩对比强烈的套裤组合在一起，显示了摔跤手们威武雄壮的风采，也充分反映出蒙古族的聪明才智和审美情趣。

（一）"班色勒（跤裤）"

跤裤的外观是模仿狮子腿的形态制作的。在肥大的裤子上做出褶子，可以让摔跤手的步伐和雄狮一样凶猛威风，衬托出摔跤手体态雄壮、英姿勃发的形象。此外，宽大多褶的白色跤裤不易吸收热量，能够减少摔跤手运动中的出汗，增加穿着的舒适性。另外，宽大的跤裤可以使摔跤手不受服饰束缚，更好地隐蔽招数，使对手无法看到和判断摔跤手的意图和动作，有利于技术动作的发挥。

（二）套裤

套裤采用精致的贴花艺术"海其木勒敖由那"缝制而成。这种贴花工艺的纹样一般不重叠，锁边的针脚紧凑整齐，远看时融合于图案之中，充分显示了蒙古族人民用简单的材料进行艺术创作的智慧。

套裤的纹样丰富（图6-30），深刻体现着蒙古族人民对自然美的理解与欣赏，反映出蒙古族人民对于美好生活的期待。在套裤正对膝盖的位置，通常采用四雄、五畜、鸟兽、龙凤、摔跤手家族或部落名称的蒙文篆字图案，搭配火苗、卷草等纹样进行装饰。在套裤的边缘位置，多采用几何纹样进行装饰，如水波纹、卷草纹、直线纹、三角纹、圆圈纹和半圆弧纹等。这些纹样都是模仿大自然中的水纹、漩涡、牧草、云彩中的半圆等图案，体现了蒙古游牧民族特有的生活环境和草原风貌。

图 6-30

135

图 6-30　套裤纹样

第六节　作品赏析

蒙古族是典型的游牧民族，他们逐水草而居，驰骋在一望无垠的大草原上。受地理、环境、气候、宗教、生活习惯等诸多因素的影响，蒙古族服饰在制作上务求实用，同时又具备强烈的象征意义。蒙古族摔跤服也不例外，其搭配丰富却不哗众取宠，兼具优美舒适的造型、五彩缤纷的色彩、寓意深刻的吉祥图案和精美的制作工艺，以独特的审美形式显示出蒙古族人民朴素的文化心理，在蒙古民族服饰文化的历史长河中展现着独特的艺术魅力。

一、"邵德格（跤衣）"作品

蒙古族摔跤服中的"邵德格（跤衣）"裸臂、袒胸、盖背，在衣身边缘的位置镶有泡钉，后背嵌有铜镜，衣缝处用彩色绸布嵌边装饰。泡钉的个数和颜色、铜镜上的纹样、衣缝处嵌边绸布的颜色等，都可以根据不同摔跤手的要求进行个性化设计。其中，铜镜多为圆形，上面的纹样以猛兽图案和蒙文篆字为主，也可以用牛皮裁剪成各式纹样缝制在后背中间位置，以代替铜镜进行装饰。

（一）猛兽图案"邵德格（跤衣）"

猛兽是跤衣背后铜镜上最常用的纹样题材。图6-31展示了采用白铜泡钉装饰的虎、狮、龙、麒麟图案跤衣，图6-32所示为采用黄铜泡钉装饰的麒麟图案跤衣。图6-33所示的跤衣用彩色牛皮组合图案替代铜镜进行后背处的装饰，草原、太阳和鹰的组合色彩均衡、造型简洁而不失美感。

（二）蒙文篆字图案"邵德格（跤衣）"

图6-34展示了后背处用皮革制作蒙古文装饰的无泡钉跤衣，红色、蓝色和绿色是最常用的颜色。图6-35～图6-37所示为不同材质后背装饰的有泡钉跤衣，这些跤

虎纹

狮纹

龙纹

麒麟纹

图 6-31 白铜泡钉跤衣

图 6-32 麒麟纹黄铜泡钉跤衣

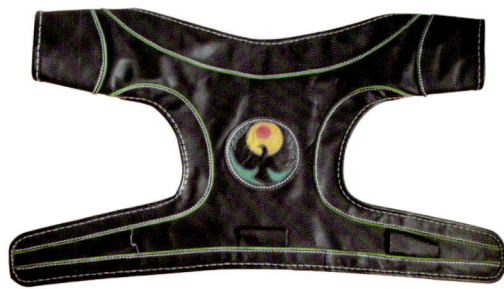
图 6-33 鹰纹无泡钉跤衣

红色

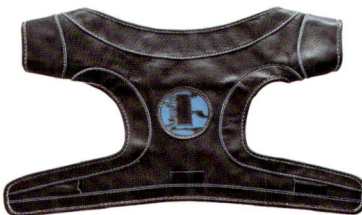
蓝色

绿色

图 6-34 皮革蒙古文篆字纹样无泡钉跤衣

衣上分别嵌有纯皮革装饰、纯铜镜装饰以及皮革和金属组合材料装饰的蒙古文篆字
纹样。无论采用何种材质进行后背处的装饰，圆形都是最常见的造型，但也有其他

形状的造型，图6-38展示了以方形铜镜进行装饰的跤衣。

图 6-35　蓝色皮革蒙古文篆字纹样有泡钉跤衣　　　图 6-36　铜镜蒙古文篆字纹样有泡钉跤衣

图 6-37　组合材质蒙古文篆字纹样有泡钉跤衣

图 6-38　方形铜镜蒙古文篆字纹样有泡钉跤衣

二、套裤作品

套裤以鲜艳的色彩和鲜活的图案为突出的视觉表现形式，采用蒙古族传统刺绣工艺制作而成。套裤的色彩主要运用蒙古族人自古就崇尚的五种颜色：象征云朵的白色、象征天空的蓝色、象征太阳的红色、象征草原的绿色、象征土地的黄色，各种色彩的组合呈现出强烈的对比。套裤的图案由生动的形象、简洁的结构、流畅的线条组合而成，展现出韵律感和节奏感（图6-39）。

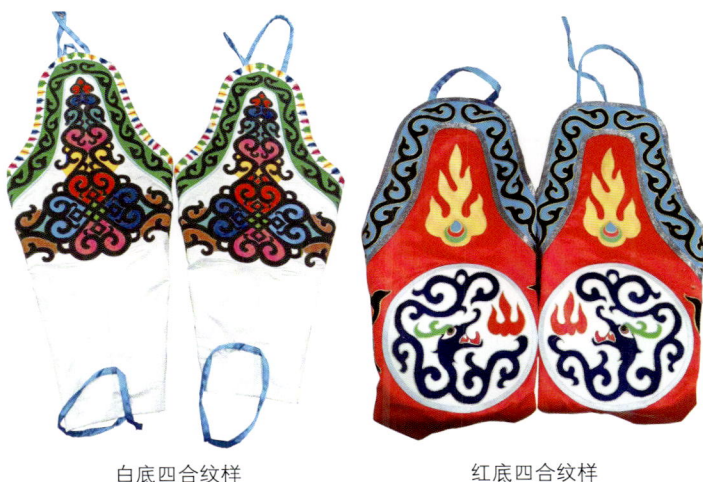

白底四合纹样　　　　　　　红底四合纹样

红底草龙纹样　　　　　　　白底龙头纹样

图 6-39　套裤

139

第七节　传承人专访

　　笔者在前往锡林郭勒盟的锡林浩特市和东乌珠穆沁旗对蒙古族摔跤服制作技艺的传承与发展现状进行实地调查后，对内蒙古自治区级传承人姜继来进行了专访，以下是本次专访的主要内容。

一、您是如何开始从事蒙古族摔跤服制作的？

　　姜继来：原来在锡林浩特市有一个锡盟制革总厂，该厂是1954年建立的，下设七八个分厂，高峰时期有2000多名员工。我当时就在这个厂工作，主要负责管理制作摔跤衣和马靴等皮制民族用品的分厂。后来制革厂因为效益不好，于1996年破产倒闭了。我在制革厂工作了近20年，对它特别有感情，而且我自己对蒙古族摔跤衣的制作也非常感兴趣，于是我就把厂子买过来，组织了一部分下岗的师傅成立了锡林浩特市蒙古赤牛跤衣厂，不断地研究、创新蒙古族摔跤服的制作工艺，慢慢订单也越来越多，就一直做到了今天。

二、您在传承中做了哪些工艺创新？

姜继来：主要是运用现代制作技术解决了长期困扰蒙古族摔跤服的两个难题。一个是原来的摔跤衣上用的泡钉全部是铜的，又是手工制作的，所以钉子的形状不是非常规则，用在摔跤衣上不能和牛皮贴合得特别紧密，容易有缝隙。这样一来，这些泡钉就不是很牢固，而且钉子边缘的毛刺很容易把摔跤手割伤，这个问题很多年一直没有得到解决。后来我尝试在泡钉的背面垫上弹簧片，用铆子铆紧，这样泡钉和牛皮就贴合得特别严实，不会刮手了。另一个是，原来的铜质泡钉价格比较高，制作出来的跤衣也很昂贵，于是我就从广东定做了不锈钢的泡钉，不锈钢材质的泡钉比原来铜制的泡钉价格能减少一半，这样摔跤服的价钱下来了，就有更多的摔跤手能够定做自己的跤衣了。

三、现在制作一套摔跤服需要多长时间？售价是多少？

姜继来：跤衣制作起来时间比较短，两三天可以制作一件，熟练的师傅一天就能做一件。但是跤衣因为采用质量较好的香牛皮制作，还镶嵌铜镜和泡钉，所以成本比较高。根据用的皮料等级不同、泡钉数量不同、有无铜镜等情况不同，价格也不一样。一般来说，用一级皮，镶512颗泡钉，嵌铜镜的跤衣，价格在3000元左右。跤裤的制作周期就要长很多，跤裤的制作工艺更细致、烦琐，一个人制作一套纹样比较复杂的跤裤大概需要10天的时间，售价也是在3000元左右。

四、跤衣和跤裤的销售情况怎么样？

姜继来：就我们厂的情况来说，大多数订单是定做跤衣的，找我们做跤裤的比较少。很多有名的搏克手，他们的跤裤都是家里的长辈给他们做的，做出来的花样也很丰富。我们主要做用于供应那达慕大会表演用的跤裤，图案、工艺都会简单一些。

五、新冠肺炎疫情给您的生产和传承工作带来了哪些影响？

姜继来：新冠肺炎疫情带来的影响还是挺大的。我们厂是全国少数民族体育大会、全区大型那达慕大会以及全区很多大中小学指定的跤衣供应厂家。每到举办大型活动的时候，活动的举办方或者是摔跤手个人就会找我们做数量不等的摔跤服。除此之外，内蒙古自治区很多学校的体育课都设有摔跤课程，他们也会找我们下单制作摔跤服。我们也给来自甘肃、青海、新疆等地方的摔跤手做过摔跤服。整体来说，新冠肺炎疫情之前订单是比较多的。但是从2020年开始，由于新冠肺炎疫情的原因，很多活动没有办法举办了，所以订单就少了很多。

六、在您看来，摔跤服制作技艺的传承现在面临怎样的困难？

姜继来：除了刚才提到的新冠肺炎疫情带来的影响，其他的困难不是很多。政府对于蒙古族摔跤服制作技艺这项非物质文化遗产非常支持，每年给我们发放补贴。而且蒙古族的搏克运动在内蒙古自治区发展得很好，摔跤服的使用人群很广泛，每年的订单也比较多，所以从事这项技艺的人员也比较稳定。

七、目前厂里从事蒙古族搏克跤服制作的师傅都是多大年龄的？

姜继来：现在厂里的师傅几乎都是在50~70岁，只有一个师傅是40多岁，总体来说，年轻人从事这个工作的比较少。在建厂初期的时候，我们除了做跤衣，也做马靴，那时候最多有30多人。近几年随着业务的调整，以做跤衣为主，人员数量就维持在七八个人左右，都是技术比较成熟的老师傅，基本上能够满足订单生产的要求，所以就没有招纳新人。

八、蒙古族搏克跤服制作技艺学习起来难度大吗？

姜继来：整体来说不是很难，最多经过三四个月就能学会了。其中缝制这一步是最难的，要把针脚缝得均匀美观，是需要一定时间的练习和积累的。

九、您作为内蒙古自治区级和盟级传承人，今后计划如何开展传承工作？

姜继来：首先，我要不断地研究蒙古族跤衣的制作技艺，在保留传统技艺的同时有所创新，继续把现在的跤衣厂经营好，让现在的师傅都能够有活做，继续从事蒙古族摔跤服的制作。其次，我计划在订单稳定之后，招收一些更年轻的师傅到厂里来，培训他们掌握蒙古族摔跤服的制作技能。

十、您对蒙古族摔跤服制作技艺的发展传承有什么样的期待？

姜继来：蒙古族摔跤服和搏克运动是互相成就的，为了更好地宣传、推广、发展蒙古族摔跤服制作这门手艺，让它能源源不断地传承下去，就要在以年轻人为主体的大、中、小学里大力发展搏克运动，举办搏克比赛，只要搏克运动能够原汁原味地流传下去，蒙古族摔跤服就能够被需要，相应的制作技艺就可以获得传承。

第八节 传承现状与对策

一、传承现状

（一）宣传推广不到位导致关注度不足

博克运动作为蒙古族文化的一个侧面，在经济社会不断发展变化的今天，依然保持着极强的生命力。蒙古族在重大喜庆节日和祭祀活动中，都把博克作为不可缺少的竞技内容来进行比赛，它作为一项正式的体育比赛项目在群众中广泛开展，现在已经成为蒙古族人民的一种喜闻乐见的体育活动。不仅如此，随着内蒙古旅游业的发展，蒙古族的博克运动以其特有的竞技性和观赏性，也逐渐获得更多人的关注和了解。特别是每年夏季七八月，蒙古族各个部落举办那达慕大会时，总会吸引来自全国各地的游客前往观看博克比赛。然而，博克比赛的宣传推广大多聚焦于博克选手和赛事本身，人们的注意力也集中在蒙古族摔跤服的外观形制，对其文化内涵和制作技艺的关注度不高。

（二）市场化运作导致原真性受损

鉴于博克运动的蓬勃发展，摔跤手在比赛中穿用的摔跤服（特别是跤衣）的需求量也持续维持在一个较高的水平。加上跤衣的制作周期短、技术相对简单、利润空间较大，目前有很多从事跤衣制作的单位及个人。这也带来一定的弊端，例如，为了追求更高的经济效益，出现了机器生产和流水线作业代替传统手工缝制的情况，批量化生产出大量相似的产品投入市场后，跤衣的装饰纹样逐渐单一化、趋同化，这在一定程度上不利于技艺的原真性保护。与跤衣制作的情况不同，跤裤的制作周期长、工艺复杂，因此愿意从事跤裤制作的人很少，只有为数不多的几个家庭作坊在进行跤裤的加工制作；也有制作跤衣的厂家将跤裤的图案、工艺简化后批量生产，但这样的跤裤与传统手工绣制的跤裤质感差距很大，无法满足摔跤手的需求。

（三）生活方式改变导致传承人缺失

蒙古族摔跤服制作技艺作为一项非物质文化遗产，蕴含着丰富的蒙古族传统文化内涵。过去，人们主要是在放牧的间隙跟随家中老人学习制作跤衣和跤裤，制作出来的摔跤服一般是给自己或家中的亲人穿用。在言传身教、耳濡目染的学习过程中，人们对于蒙古族摔跤服制作技艺背后的文化内涵也很熟悉。然而随着城市化进程的不断深化，越来越多的蒙古族民众成为城市中的居民，年轻人生活方式发生了改变，家中的晚辈们不再学习相关技艺了，大多数人是为了生计而从事这项工作，原来的家族传承方式就被师徒传承取而代之。在这种情况下，就出现了部分学员只掌握操作技法而不了解文化寓意的现象，且导致从业人员的年龄偏大、文化水平和创新能力不足等问题，难以建立起具有较好技能素养和较高传承意识的传承人队伍。

二、传承对策

针对以上蒙古族摔跤服制作技艺在传承和发展过程中遇到的问题，笔者认为，需要依靠政府、高校和传承人以及更广泛的社会群体参与其中，共同解决。具体可以从以下几个方面着手。

（一）完善展演一体的节庆推广模式

将蒙古族摔跤服制作技艺纳入那达慕大会、自治区及各盟市搏克比赛、草原文化遗产保护日等系列节庆展演活动中。在活动现场设置专区对蒙古族摔跤服进行陈列展示，邀请非遗传承人到场开展蒙古族摔跤服知识讲解、制作技艺展示，设置互动环节，让现场观众亲身体验蒙古族摔跤服的制作过程，在相关媒体报道中增加对蒙古族摔跤服制作技艺的宣传介绍，进而提高公众对蒙古族摔跤服制作技艺的认识和保护意识。

（二）探索多方聚力的文化传承模式

各个盟、旗联合建立蒙古族摔跤服民间协会，定期举办交流活动，加强传承人之间的互动；文化馆、博物馆、群艺馆等单位积极开展蒙古族摔跤服制作技艺传承的群众性活动，让当地群众与这项技艺更近一步；在中小学开设实践课程，在高校开设选修课程，邀请传承人走进校园担任课程讲师，普及蒙古族摔跤服制作技艺，将蒙古族摔跤服制作技艺这一传统手工艺融入现代教育中。通过汇聚多方的传承保护力量，建立长效、可持续的"政府支持、民间探索"的文化传承模式。

（三）建立品牌运营的创新发展模式

建立专业的生产、研发和营销团队，通过市场化运作和商品化经营，打造具有区域影响力和知名度的蒙古族摔跤服品牌。首先，在切实开展市场调研的基础上部署生产，充分把握原材料市场和消费市场的实际情况，使生产出的蒙古族摔跤服产品能够满足市场需求，并根据需求变化和材料发展不断进行工艺创新，进而实现利润空间的提升，为后续的新产品研发、传承人培养提供基础。其次，通过开设研修研习培训班和传统工艺工作站等方式，定期招纳、培训、考核传承人，建立高质量的传承人才队伍，最大限度地保留传统技艺，同时避免学徒难寻、传承乏力的境遇。最后，吸纳具备创意设计能力的新型人才，拓展与其他行业和品牌的跨界合作，研发具有地方特色、制作精良的原创特色作品和文化创意产品，以此获得更广大人群的关注，扩大品牌知名度，实现创新性发展。

参考文献

[1] 张梓烨 . 蒙古族服饰艺术研究 [D]. 哈尔滨：哈尔滨师范大学，2015.

[2] 刘勇波 . 论赤峰蒙古族民俗文化 [D]. 济南：山东大学，2013.

[3] 彭春凝 . 蒙古族服饰文化保护与传承 [J]. 印染，2021，47（08）：85-86.

[4] 闫茹 . 蒙古族服饰色彩分析对比：巴尔虎、布里亚特、厄鲁特三部落 [J]. 纺织报告，2021，40（05）：105-107，116.

[5] 丁晓娜 . 科尔沁蒙古族服饰文化传承与保护探讨 [J]. 文物鉴定与鉴赏，2020（21）：47-49.

[6] 陈旭光，张鸿翎，山丹，等 . 蒙元文化在呼和浩特园林中的应用研究 .[J] 内蒙古农业大学学报，2012，14（07）：213-216.

[7] 张悦 . 阿拉善马鬃绕线堆绣唐卡工艺特色传承发展研究 [D]. 呼和浩特：内蒙古师范大学，2021.

[8] 张蕊 . 蒙古唐卡现状调查与预防性保护对策建议 [J]. 西部蒙古论坛，2021（01）：63-69，127.

[9] 张悦 . 唐卡文献研究述评 [J]. 美与时代（中），2020（06）：14-16.

[10] 特日格乐 . 内蒙古地区唐卡的制作工艺及艺术特征研究 [D]. 呼和浩特：内蒙古农业大学，2019.

[11] 赵志红 . 论唐卡艺术在蒙古族地区的本土化发展 [J]. 内蒙古民族大学学报（社会科学版），2019，45（02）：32-36.

[12] 鲍丽丽，郭晓虎 . 蒙古族唐卡与藏族唐卡艺术特征比较研究 [J]. 民艺，2019（01）：96-101.

[13] 鲍丽丽，郭晓虎 . 草原佛光：当代内蒙古地区唐卡艺术管窥 [J]. 民艺，2018（04）：130-133.

[14] 李勋辉 . 蒙古族制作唐卡的技艺调查 [D]. 呼和浩特：内蒙古师范大学，2018.

[15] 李梦桐 . 内蒙古阿拉善"仿古"地毯的田野调查 [J]. 艺术品鉴，2019（02）：3-4.

[16] 徐进 . 浅谈阿拉善地区传统手工地毯织造技艺的传承、保护和发展 [J]. 美术观察，2014（07）：123-124.

[17] 肖占贵，肖静 . 内蒙古察哈尔蒙古族毛植的历史渊源 [J]. 神州，2018（04）：1.

[18] 刘旭 . 萧掌柜的稀世绝活 [J]. 中国市场，2008（47）：30-31.

[19] 蔡培瀚 . 毛绣：需要耐得住寂寞的手工技艺 [N]. 北京商报，2012-12-13.

[20] 黄杰 . 绝艺掌柜 [N]. 中国民族报，2007-11-09.

[21] 苏伊乐 . 蒙古族"搏克"服饰审美探寻 [J]. 南京艺术学院学报：美术与设计版，2010（01）：155-156.

[22] 金启孮 . 中国式摔跤源出契丹、蒙古考 [J]. 内蒙古大学学报（哲学社会科学版），1979（Z2）：221-246.

内蒙古自治区纺织类经典非物质文化遗产